GANZHEITLICH HEILEN

Buch

Alles im Leben hat seine Zeit. Wann sie gekommen ist, verrät die Organuhr. Diese innere Uhr, von der Atmung, Herzschlag, Gehirntätigkeit und andere körpereigene Energiesysteme abhängen, steuert die Funktion unseres Organismus. Ein Leben gegen die Organuhr ist daher immer ein Leben gegen den eigenen Körper, das mit Stress, vorzeitigem Altern und Gesundheitsproblemen bezahlt werden muss. Kim da Silva zeigt, wie sich ein harmonischer Tagesablauf im Sinne der Organuhr gestalten lässt. Sein Buch ist ein vielseitiger Ratgeber zur mühelosen Bewältigung des Lebensalltags. Es enthält eine Fülle praktischer Anregungen und unterstützt den Leser bei der Erstellung seines persönlichen Tagesplans.

Autor

Kim da Silva, Jahrgang 1943, studierte Chemie, Physik, Botanik, Mikrobiologie und Lebensmittelchemie und war zunächst in der chemischen und pharmazeutischen Industrie tätig, ehe er sich Anfang der siebziger Jahre zur Weiterbildung nach Indien begab. An den Hindu-Universitäten von Benares und Madras studierte er vedische Philosophie und Yoga-Wissenschaften. Gleichzeitig begann er eine Ausbildung in Kinesiologie. Studienaufenthalte führten ihn nach Japan, China, Taiwan, Hongkong, Sri Lanka, Burma und Thailand. 1987 machte er sich selbstständig. Seither leitet er Seminare, hält Vorträge, führt Einzelberatungen durch und ist Autor zahlreicher Bücher, darunter »Richtig essen zur richtigen Zeit« (1990), »Gesundheit in unseren Händen« (1992), »Kinesiologie« (1993), »Energie durch Bewegung« (1995), »Meinen Körper in meine Hände nehmen« (1999).

KIM DA SILVA

Der inneren Uhr folgen

Der praktische Weg zu einem
gesunden Tagesrhythmus

GANZHEITLICH HEILEN

GOLDMANN

Umwelthinweis:
Alle bedruckten Materialien dieses Buches sind
chlorfrei und umweltschonend.

Originalausgabe Dezember 2000
© 2000 Wilhelm Goldmann Verlag, München
in der Verlagsgruppe Random House GmbH
Umschlaggestaltung: Design Team München
Redaktion: Ralf Lay
Satz: Buch-Werkstatt GmbH, Bad Aibling
Druck: GGP Media, Pößneck
Verlagsnummer: 14199
WL · Herstellung: Sebastian Strohmaier
Made in Germany
ISBN 3-422-14199-0
www.goldmann-verlag-de

2. Auflage

Widmung

Ich widme das Buch allen Menschen, die mir begegnet sind, und allen denen, die mir noch begegnen werden. Und denen, die mir einfach durch dieses Buch begegnen.

Ich will dazu beitragen, dass wir im Umgang mit den Meridianen und mit Balance durch unsere Energie Berührungsängste verlieren.

Es soll uns als ganz normal erscheinen, unsere persönliche Energiehygiene zu betreiben. Wir alle mögen einen Eindruck davon bekommen, dass es nicht so schwer ist, direkten Einfluss auf unsere Gesundheit, unser Leben, *Er*leben, Lernen und Wachsen im Leben zu nehmen.

Inhalt

Zu diesem Buch 9

Historisches zur Balance durch Energie 11

Von der Philosophie zur Praxis 13
Die Manifestierung der Energie aus taoistischer Sicht 13
Die Entstehung des I Ging 16
Das Tai-Chi-Symbol – die Verteilung der Polarität im
Yin und im Yang 19

Die Fünf Elemente 20
Die Qualitäten der Fünf Elemente 20
Die Zyklen der Fünf Elemente 22
Die Familie in den Fünf Elementen 25
Das Klima in den Elementen 29
Die Meridianordnung in den Elementen 32

Die Organuhr 38
Rahmenbedingungen 38
Yin- und Yang-Zeiten in der Organuhr 39
Unsere Energiebahnen – die Meridiane 44
Die spezifische Beschreibung der Meridiane 46
Die Organuhr und die Tiere aus der chinesischen Astrologie 106

Der Motor der Organuhr 110
Zur Ionisation 110
Zum Atemreflex 111

Übungen und Mudras 112
Die motorischen Übungen 114
Die Wirkungen der drei motorischen Übungen 118
Die Mudrawege 120

Die Organuhr und die Qualitäten der Energien **156**
Die Energiequalität Stunde für Stunde 156
Die Steuer-Meridiane für Tag und Nacht 182

Spezielle Anwendungen **186**
Der richtige Mudraweg und die Balance 186
Praktische Beispiele 188
Anwendungen bei Krankheit 190
Bei Operationen, Brüchen, akuten Verletzungen 193
Energetische Betrachtung zu Schmerzen und Krankheit ... 196

Die Organuhr in der Praxis **202**
Richtig essen zur richtigen Zeit 202
Der richtige Schlaf zur richtigen Zeit 205
Zivilisationskrankheiten 208
Jetlag 211
Krank machende Einstellungen 213

Frau K. – eine Fallanalyse **217**

Impulse aus der Wissenschaft **238**

Anhang **243**

Zu diesem Buch

Weder die Organuhr noch die Balance mit der Organuhr ist neu. Die Beschäftigung mit dieser inneren Uhr ist keine Zeiterscheinung, sondern geht auf jahrtausendealtes Wissen zurück.

Die Organuhr ist in uns angelegt – sie muss bloß wieder entdeckt und genutzt werden.

Alltägliche Zyklen wie Tag und Nacht nehmen wir zumeist als selbstverständlich hin. Die Änderungen durch den Zeitverlauf erscheinen als »vorgegeben«. Weniger oft bewusst wird uns, dass alles, was um uns herum in der Natur und am Himmel passiert, einen Einfluss auf unsere Organe, unseren Körper, unser Selbst hat!

Wir sind kein »autonomes Gefüge« auf dieser Erde. Wir *betrachten* Tag, Nacht und Gestirne nicht nur, wir sind ein Teil des größeren Ganzen, seiner Abläufe und Wandlungen. Wir sind eingebunden in die Konstellation unseres Sonnensystems.

Das sind »große« Vorstellungen.

Wie können wir diese Größe des kaum Fassbaren für uns nutzbar, in unserem Körper anwendbar machen? *Was* davon findet *wie* in unserem Körper statt?

Das Modell der Organuhr, wie ich es hier aufzeige, wird in China seit Jahrtausenden gelebt und gelehrt. Das Aufgezeigte ist praktisch, bedarf keiner Vorkenntnisse und kann direkt zu unserem Nutzen in die Tat umgesetzt werden.

Wir sind mit der Natürlichkeit unserer inneren Uhr unverbrüchlich verbunden auf die Welt gekommen. Dadurch ist sie eine Struktur, die vielem in unserem Leben übergeordnet ist.

Mit diesem Buch will ich aufzeigen, was schon besteht, und die *Ganzheitlichkeit der Auswirkungen* der verschiedenen Strukturen der Organuhr natürlich darstellen. Das Buch soll keine alternative Kosmetik zur besseren Erklärung emotionaler und körperlicher Imbalancen und Krankheiten sein. Es soll eine übergeordnete, jahrtausendealte Struktur aufzeigen, die immer gültig war und ist!

Zu diesem Buch

Gerade heute wird es zunehmend wichtiger, solches »Urgestein des Wissens« zu nutzen. Denn paradox und logisch zugleich gilt: Die explosionsartig anwachsende Informationsfülle erschwert die Orientierung im Leben.

Wissenschaftliche Erkenntnisse über innere Uhren, Biorhythmen, Chronobiologie, das Leben mit den Mondzyklen etc. sind wichtig, haben ihren Sinn und Nutzen. Die Organuhr ist diesen Systemen *übergeordnet*.

Ein Beispiel: Es gibt keine »Tag- und Nachtmenschen«! Es gibt nur Menschen, die eine verstellte Organuhr haben. Fängt diese innere Uhr an, durch Neigungen und Trends aus dem Gleichgewicht zu gehen, entwickeln wir »Charaktereigenschaften«, also Neigungen und Süchte, die mit einer verdrehten Struktur der Organuhr zu tun haben.

Aber nichts mit Gesundheit!

Und nichts mit Biorhythmus oder Mondkalender.

Historisches zur Balance durch Energie

Wenn ich Tao-Kurse unterrichte und Teilnehmern erkläre, wie wir *in* den Jahreszeiten und *mit* den Jahreszeiten gehen, höre ich öfter: »Ja, das ist in meinem Aussaatkalender für meinen Garten so, aber dass das *mich* betrifft, darauf wäre ich ja nie gekommen.« Selbstverständlich treten der Mensch und sein Organismus in Wirklichkeit in Beziehung und Korrespondenz zu den natürlichen Energien, die uns umgeben!

Im antiken China waren bezüglich Gesundheit zwei Begriffe bestimmend: »Kreislauf« und »Chi« (Lebenskraft). Der Umlauf der Lebenskraft in unserem Körper verläuft zyklisch: morgens anders als am Abend, tagsüber anders als in der Nacht.

Kein Mensch legt sich abends hin und schläft aus Angst, nicht mehr aufzuwachen, erst gar nicht ein! Im Gegenteil, wir freuen uns darüber, wenn wir schnell einschlafen und fit und vergnügt aufwachen.

Wir müssten uns fragen: Was übernimmt in meinem Körper die Steuerung, das mich so einschlafen und aufwachen lässt! Oder: Was lässt mich nicht einschlafen und nach vielen Stunden Schlaf müde und zerschlagen aufwachen?

In der Schulmedizin kennen wir »den« Kreislauf. Zugleich wird der taoistischen Medizin vorgeworfen, dass sie diese »Tatsache« ignoriert. Die taoistische Medizin wird jedoch nie so töricht sein und von »dem« Kreislauf sprechen, weil unser Körper *viele* Kreisläufe hat und diese überdies einem dauernden Wechsel unterzogen sind.

Der Wechsel ergibt sich allein aus Yin/Yang oder Tag/Nacht.

Tag/Nacht ist ein großer Wechsel innerhalb des 24-Stunden-Zyklus. Yin/Yang ist ein kleinerer Wechsel, der innerhalb des Tages wie innerhalb der Nacht öfter stattfindet.

Was regelt nun unsere Wachheit am Tag, was den gesunden nächtlichen Schlaf?

Vor allen Dingen die gute Verteilung und gute Zirkulation unserer Lebensenergie Chi.

Die *Meridiane* aus der Akupunkturlehre sind Bahnen, in denen Chi fließt. Sie wechseln einander ab und funktionieren zyklisch.

Kreisläufe in unserem Körper haben keinen Anfang und kein Ende. Kreise sind Zeichen des Lebendigen. Ihr Verlauf ist spiralförmig – kein Kreis wiederholt sich. Die Bedingungen dieser Sekunde sind anders als die der vorigen.

Der Meridiankreislauf konnte als »Kalender« verwendet werden, um Tage, Monate, Jahre einzuteilen. Genauer: Die Zyklen der Organuhr fungierten als »Kalender«! Der Mondkalender erweist sich aus dieser Sicht als *eine von vielen* Möglichkeiten des Einteilens.

Warum tauchen verschiedene funktionelle Störungen gerade zu bestimmten Zeiten auf? Wie hängen diese Zeiten mit meiner inneren Struktur zusammen? Welche äußeren Einflüsse (Energien von Erde, Sonne, Mond, Planeten, Gestirnen) beeinflussen meinen Energiehaushalt? Jede dieser Fragen weist uns zur gemeinsamen Basis zurück – der Organuhr.

Von der Philosophie zur Praxis

Die Manifestierung der Energie aus taoistischer Sicht

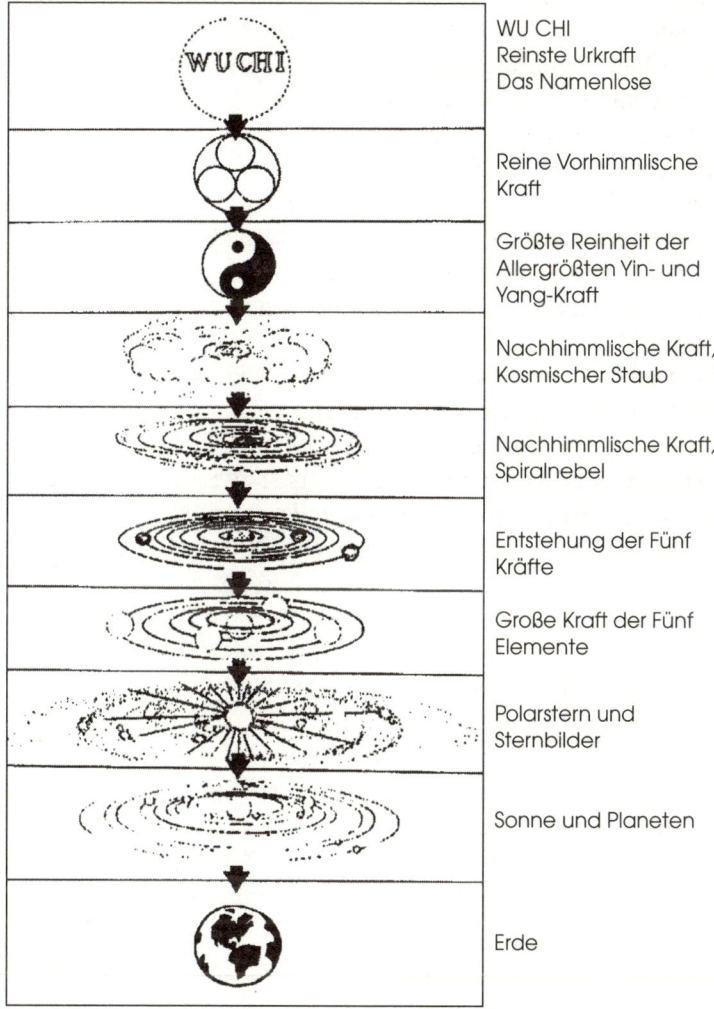

WU CHI
Reinste Urkraft
Das Namenlose

Reine Vorhimmlische Kraft

Größte Reinheit der Allergrößten Yin- und Yang-Kraft

Nachhimmlische Kraft, Kosmischer Staub

Nachhimmlische Kraft, Spiralnebel

Entstehung der Fünf Kräfte

Große Kraft der Fünf Elemente

Polarstern und Sternbilder

Sonne und Planeten

Erde

Das WU CHI, die reinste Urkraft, das Namenlose, gilt als Urgrund. Es ist »jenseits von Gott«! »Gott« ist ein Begriff, den wir Menschen uns für etwas Unfassbares gemacht haben.

Der Begriff »Gott« kann nur eine Metapher sein. Das Alldurchdringende, Unfassbare, Namenlose kann keinen Namen haben. Hätte es einen, könnten wir Menschen es ja einengen, in ein Wort packen. Es handelt sich um eine Kraft, die so fein ist, eben alldurchdringend, dass sie in ihrer Größe und Komplexheit von uns nicht erfasst werden kann.

Diese feinste Kraft setzt sich ins Grobstofflichere fort – die Reine Vorhimmlische Kraft.

Von da geht es weiter in die Größte Reinheit der Allergrößten Yin- und Yang-Kraft. Das Symbol zur Darstellung dieser Kraft ist das Tai-Chi-Symbol:

»Tai« bedeutet im Chinesischen »groß«, »Chi« (»Qi«) heißt »Lebenskraft«.

Es symbolisiert die *Einheit von Yin und Yang* und macht deutlich, dass Yin und Yang nicht zu trennen sind.

Als bildliche Begriffe werden für Yin und Yang gerne »weiblich« und »männlich« verwendet. Das sind aber nur Hilfskonstruktionen: Das Gemeinsame von Frauen und Männern ist – sie sind Menschen. Wenn wir gesund und in der Balance sind, ist das Yin und Yang in Männern *und* Frauen in der Balance.

Yin *und* Yang sind gleichermaßen in Frauen wie in Männern da.

Die Energie verdichtet sich weiter zur Nachhimmlischen Kraft, zum Kosmischen Staub. Die Vorstellung fällt schwer. Wie können wir uns »unendliche« Räume vorstellen? Denken wir uns den Weltraum in seiner Größe als »unendlich«, weil er unser Begriffsvermögen übersteigt? – Die Beschäftigung mit dem Weltraum lohnt insofern, als sie uns merken lässt, was wir alles nicht wissen.

Die Energie verdichtet sich weiter zur Nachhimmlischen Kraft, den Spiralnebeln.

Die nächste Stufe ist die Entstehung der Fünf Kräfte. Aus diesen Fünf Kräften entsteht die Große Kraft der Fünf Elemente.

Daraus materialisieren sich der *Polarstern* und die *Sternbilder*. Die Taoisten meditieren mit dem Polarstern und den uns umgebenden Sternbildern.

Danach erscheinen die Sonne und die Planeten, unser Sonnensystem und zuletzt unsere *Erde*.

Die taoistische Philosophie lenkt das Bewusstsein auf den inneren Zusammenhang alles Seienden. Wenn eines aus dem anderen entstanden ist, muss es etwas geben, das allen Teilen gemeinsam ist.

Denken wir an »Schwingungen« oder »Zyklen«, muss es auch dort ein Gemeinsames geben. Wie könnten wir sonst Harmonie von Disharmonie unterscheiden?

Wir merken schon – es geht um »feine« Zusammenhänge. Und wir auf der »gröbsten« Stufe im Modell, der Erde, sprechen von Autonomie, Unabhängigkeit, Freiheit?

Wir können *gegen* die feineren Strukturen leben. Wie lange tut uns das gut? Wo wir gegen die natürlichen Zyklen leben, verbrauchen wir jedenfalls mehr Energie, weil wir einen dauernden Widerstand aufrechterhalten.

Die Entstehung des I Ging

Das I Ging ist ein Wahrheits- und Weisheitsbuch. Es existiert seit vielen tausend Jahren und hat nachweislich die Geschicke Gesamtchinas 3000 Jahre lang entscheidend beeinflusst.

> Fast alles, was in der über 3000 Jahre alten chinesischen Geschichte an großen und wichtigen Gedanken gedacht wurde, ist teils angeregt durch dieses Buch, teils hat es rückwirkend auf die Erklärung des Buches Einfluss ausgeübt, so dass man ruhig sagen kann, dass im I Ging die reifste Weisheit von Jahrtausenden verarbeitet ist.
> (Richard Wilhelm)

Bei Trigrammen und Hexagrammen des I Ging handelt es sich um einen Strichcode ähnlich wie im Computer die 0 und die 1. Der helle Teil des Tai-Chi-Symbols symbolisiert das *Yang*, dargestellt durch eine durchgezogene Linie. Der dunkle Anteil des Tai-Chi-Symbols, das *Yin*, wird als unterbrochene Linie gezeichnet. So entstehen die beiden Urzeichen.

Die Entstehung des I Ging

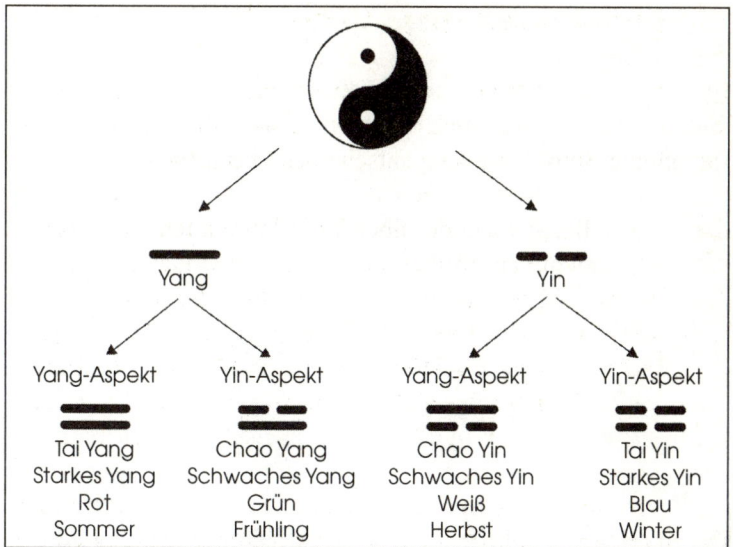

Die beiden Urzeichen teilen sich jeweils in einen Yang- und Yin-Aspekt.

Dieser Strichcode baut sich auf wie eine Pflanze, die aus der Erde wächst: also von unten nach oben.

Betrachten wir zuerst die Yang-Seite (linkes Urzeichen):

Zu dieser einzelnen durchgezogenen Linie kommt links außen ein Yang-Aspekt dazu. Das kann bedeuten: Es tut sich etwas, es bewegt sich etwas. In der Darstellung erscheint also eine zweite durchgezogene Linie über der ersten.

Kommt hingegen ein Yin-Aspekt (links Mitte) dazu, wird diese »neue Information« als unterbrochene Linie über der ersten dargestellt. Der Yin-Aspekt kann bedeuten: Beruhigung, Verlangsamung etc.

Links außen ist damit das Tai Yang, das starke Yang, große Yang, alte Yang, symbolisiert, dem Sommer entsprechend, in der Farbe Rot. In der »linken Mitte« steht das Chao Yang, das kleine Yang, schwache Yang, junge Yang, dem Frühling entsprechend, in der Farbe Grün.

Auf der Yin-Seite finden wir außen rechts das Urzeichen als unterbrochene Linie unten.

Im Yin-Aspekt erscheint über der ersten Linie eine zweite unterbrochene: Die ursprüngliche Yin-Qualität wird durch eine weitere verstärkt.

Rechts außen symbolisieren die beiden unterbrochenen Linien das Tai Yin, das starke Yin, große Yin, alte Yin, dem Winter entsprechend, in der Farbe Blau.

In der »rechten Mitte« zieht sich über die unterbrochene erste Linie als Symbol des Yang-Aspekts eine durchgezogene Linie. Der Yang-Aspekt im Yin kann zum Beispiel »zarte, beginnende Bewegung aus der großen Ruhe« bedeuten. Das Chao Yin, kleine Yin, schwache Yin, junge Yin, entspricht dem Herbst und der Farbe Weiß.

Die Aspekte ermöglichen eine Vielzahl von Betrachtungsweisen und mögen auf den ersten Blick verwirrend erscheinen. Tatsächlich bergen sie aber einen unschätzbaren Nutzen: Wir können daraus alles, was wir wahrnehmen, beschreiben. Denn unser Leben verläuft ununterbrochen zwischen Bewegung und Verlangsamung, Aktivität und Ruhe – in der Zeit und: in Zyklen!

Das Tai-Chi-Symbol – die Verteilung der Polarität im Yin und im Yang

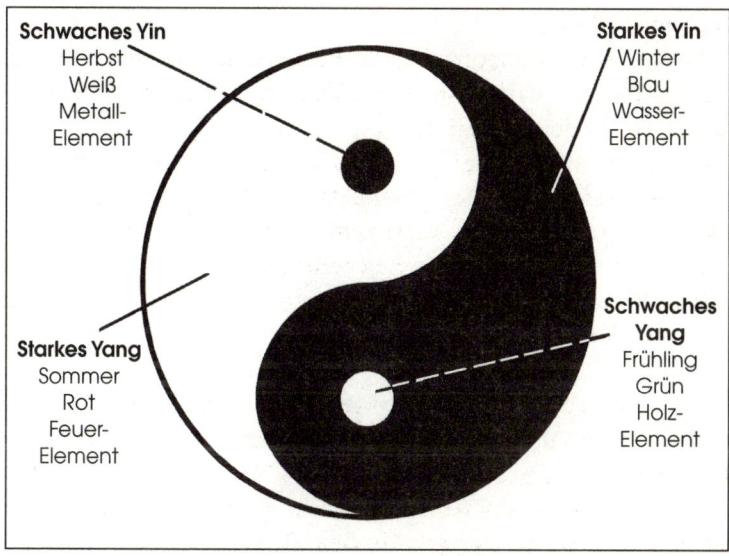

Im Tai-Chi-Symbol finden wir alle vier Aspekte wieder: starkes Yang und starkes Yin, schwaches Yang und schwaches Yin.

Die Verteilung der vier Aspekte ist jetzt den so genannten Elementen zugeordnet. Das starke Yang dem Feuer-Element, das starke Yin dem Wasser-Element, das schwache Yang dem Holz-Element, das schwache Yin dem Metall-Element.

Die »Elemente« sind aber nicht mit den uns geläufigen Elementen zu verwechseln. Es handelt sich vielmehr um die »Wandlungsphasen« der chinesischen Philosophie. Das sind auch die vier Jahreszeiten, die auf der Erde stattfinden. In deren Rhythmen und Wechsel spielt sich unser Leben ab.

In der Elemente-Betrachtung des folgenden Kapitels kommt ein »Element« dazu – die *Erde*, auf der sich die vier Jahreszeiten wandeln.

Die Fünf Elemente

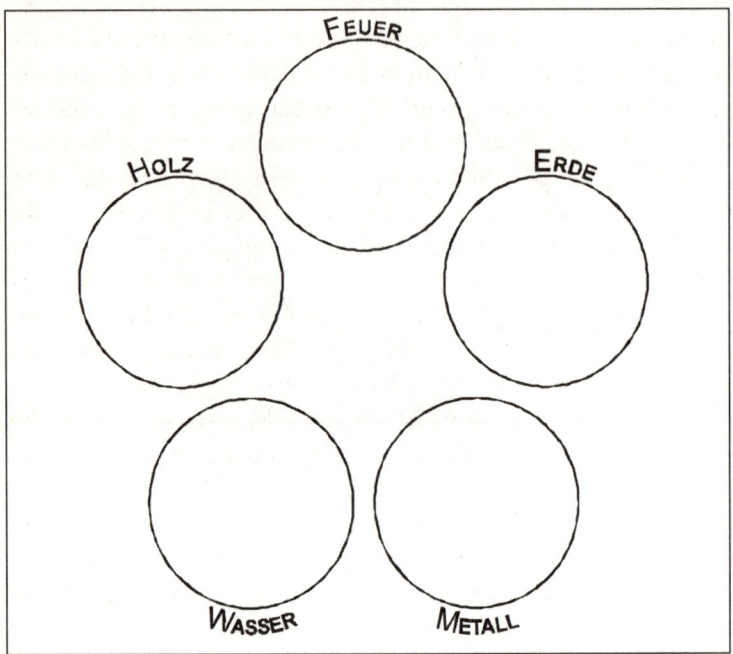

Die Qualitäten der Fünf Elemente

Die »Theorie der Fünf Elemente« ist keineswegs eine bloße Theorie. Es handelt sich vielmehr um eine seit Jahrtausenden bewährte taoistische Wissenschaft, die sich später die Traditionelle Chinesische Medizin (TCM) zunutze gemacht hat.

Bei der Betrachtung der Fünf Elemente und den damit verbundenen Organen und Organenergien ist es von Nutzen, sich daran zu erinnern, wie sich die Elemente in der Natur bzw. in unserem Alltag zeigen. Die bekannten Bilder unterstützen uns in der Vorstellung, welche Eigenschaften der Elemente in unserem Körper zum Tragen kommen:

Das Metall-Element: Metall ist *schwer* und *kühl*. Auf den ersten Blick wirkt Metall widerstandsfähig und »unverletzlich«. Eine Blechplatte, die mit einem harten Gegenstand gedengelt wird, bekommt hingegen Beulen und kann stark verändert werden. In der Veränderung *beharrt* es. Wird es erhitzt, *kühlt* es *nur langsam ab*.

Das Wasser-Element: Wird Wasser transportiert oder fließt es als Gebirgsbach schäumend ins Tal, sammelt es sich schließlich einfach wieder. Es bildet einen Fluss oder einen See, und dem Wasser ist nichts »passiert«. In einem stillen Bergsee spiegeln sich Wolken, Gebirge und Bäume und er *vermittelt Ruhe*, obwohl er kurz vorher noch das Drama einer Talfahrt erlebt hat. So gesehen ist Wasser im Zyklus der Elemente *das stärkste Element*, weil man ihm »nichts anhaben« kann: Denn es ist extrem *flexibel, widerstandsfähig, kraftvoll* und *sanft*.

Das Holz-Element: Holz ist *fest*, auch *biegsam*, es kann nachgeben – es ist *flexibel*! Durch zu starke Belastung kann es *brechen*. Trockenes Holz bricht sofort.

Das Feuer-Element: Feuer ist *bewegt;* allein aus sich heraus kann es aber nicht existieren, es muss immer *an etwas haften*. Um »leben« zu können, verbrennt es seinen Träger. Feuer kann nur schwer transportiert werden.

Das Erd-Element: Wenn das Feuer erloschen ist, wird aus der Asche irgendwann Erde. Zum Erd-Element gehört nicht nur die Erde selbst, sondern auch Berge und generell Gesteine. Erde ist *geduldig* und *hingebend*.

Die Fünf Elemente werden der Organuhr wie folgt zugeordnet (die »Überlappungen« kennzeichnen die Übergangszeit):

Metall: 03.00–08.00 Uhr
Erde: 07.00–12.00 Uhr
Feuer: 11.00–16.00 Uhr
Wasser: 15.00–20.00 Uhr
Feuer: 19.00–24.00 Uhr
Holz: 23.00–04.00 Uhr

Die Zyklen der Fünf Elemente

Der Versorgungszyklus

Die Traditionelle Chinesische Medizin (TCM) kennt und nutzt seit vielen Jahrhunderten die funktionellen Zusammenhänge der Elemente: Es existiert eine feststehende *Ordnung*, nach der Prozesse in der Natur wie in unserem Körper gesetzmäßig verlaufen.

Im Versorgungszyklus versorgt ein Element das jeweils nachfolgende:

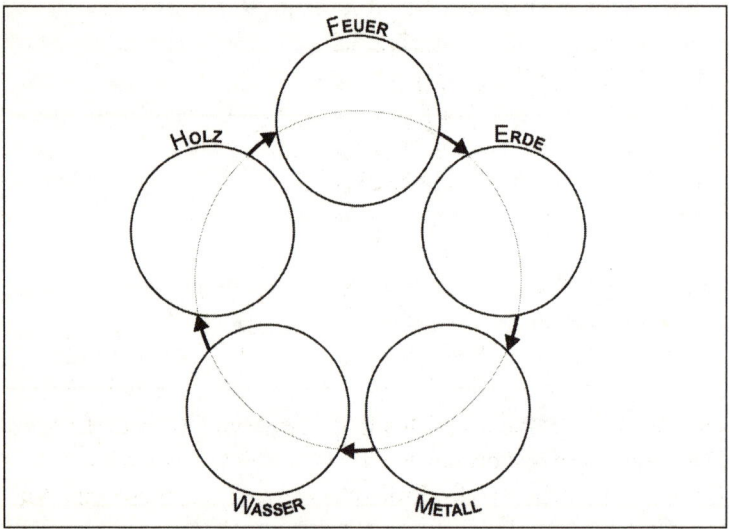

Das Holz liefert dem Feuer Energie, damit es brennen kann.
Das Feuer verbrennt das Holz zu Asche, daraus entsteht Erde.
In der Erde reichert sich Metall an.
Metalle gehen ins Wasser über – die Menge und Konzentration ist eine Frage der Zeit.
Das Wasser versorgt das Holz, damit die Pflanzen wachsen können.
Der Kreis schließt sich, indem das Holz das Feuer versorgt.

Der Kontrollzyklus

Der Versorgungszyklus fördert die Harmonie des Zusammenspiels. Doch die Harmonie kann nur stabil sein, wenn jedes Element auch *kontrolliert* wird.

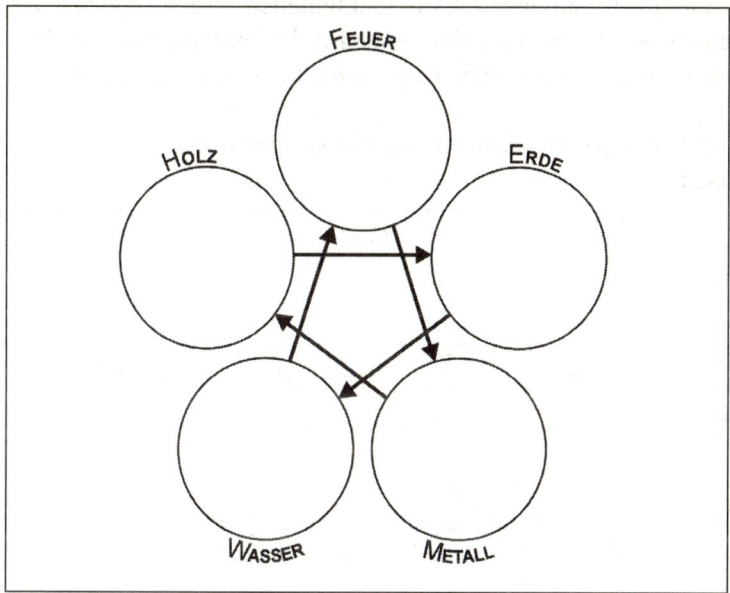

Das Feuer kontrolliert das Metall, weil es Metall schmelzen kann.
Das Metall kontrolliert das Holz, weil es Holz spalten kann.
Das Holz kontrolliert die Erde – es durchdringt diese mit Wurzeln.
Die Erde kontrolliert das Wasser, weil es ihm seinen Lauf vorgibt.
Das Wasser kontrolliert das Feuer, weil es das Feuer löschen kann.
Der Kreis schließt sich, indem Feuer das Metall kontrolliert.

Die Balance der Zyklen

Wenn wir in Gesundheit und Harmonie leben wollen, müssen der Versorgungs- und Kontrollzyklus gleichzeitig funktionieren. Wird die Energie eines Elementes zu groß, weil ein anderes die Kontrolle nicht mehr ausüben kann, entsteht »Imbalance« – ein Ungleichgewicht. Muss unser Körper solche Imbalancen über längere Zeit ausgleichen, wird dort viel Energie gebunden!

Leuchten schließlich »Alarmlämpchen« in Form von Schmerzen oder Krankheit auf, wird offenbar: Es ist etwas aus der Balance geraten – nämlich das Zusammenspiel von Zyklen.

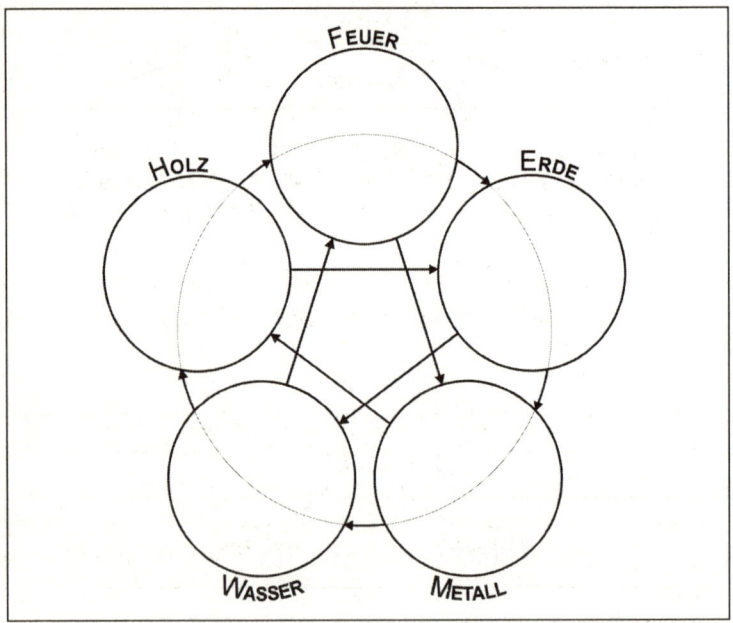

Das Bestreben der Ärzte in der TCM geht daher vorrangig dahin, das »Gleichgewicht des Chi« wieder herzustellen. Die Methoden dazu – motorische Übungen, Massagen, Akupunktur, Kräutertherapien und dergleichen mehr – sind zahlreich, ihr Ziel ist dasselbe: der Energieausgleich.

Die Familie in den Fünf Elementen

Die Medizin der Chinesen entstand vor mehreren tausend Jahren. Zu jener Zeit wurden diese Lehren in Bildern weitergegeben.

Ein Bild für die Gesundheit in unserem Körper ist das Bild einer *Familie*.

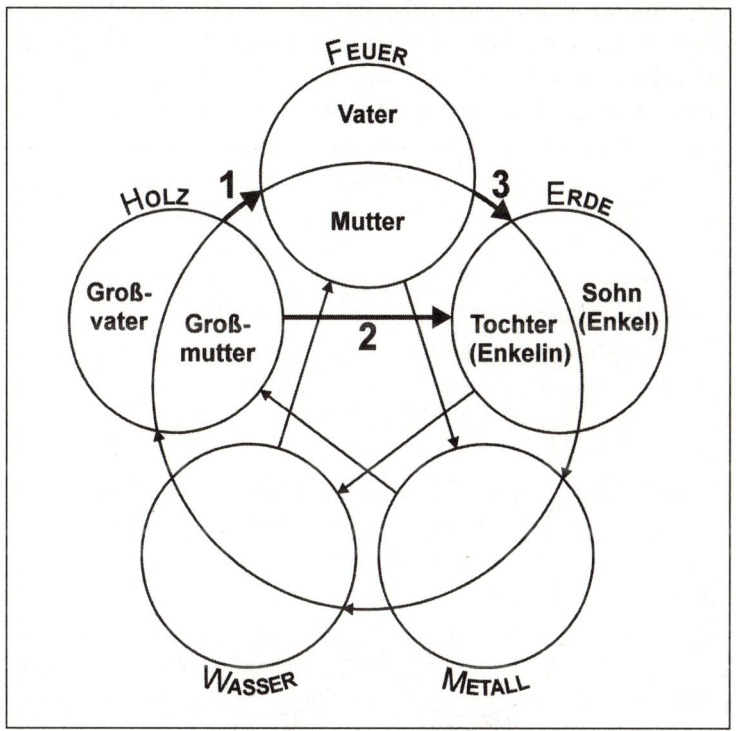

Der Versorgungszyklus (»Cheng-Zyklus«) entspricht einer *Eltern-Kind-Beziehung* (1 + 3).

Der Kontrollzyklus (»Ko-Zyklus«) entspricht einer *Großeltern-Enkel-Beziehung* (2).

Die Frauen stehen im *I*nnenkreis (*Y*in), die Männer im *A*ußenkreis (*Y*ang).

Wie in der Abbildung Holz das Feuer versorgt und das Feuer die Erde, ist es Aufgabe der *Eltern,* das Kind zu *versorgen.*
Großeltern haben ein besonderes Verhältnis zu ihren Enkeln. Sie können die Vorgaben der Eltern vertiefen, indem sie deren oft notwendige Strenge unterstützen – mit der Milde der reifen Persönlichkeit.
Die Großeltern waren ja selbst einst Eltern. Sie wissen um die Schwierigkeiten und können jetzt aus einem größeren Erfahrungsfeld die Erziehung der Enkel *stabilisieren.*

Wenn sich jedes Familienmitglied seiner besonderen Stellung innerhalb des Familienkreises bewusst ist, kann die Familie gesund und harmonisch funktionieren. In dem Moment, da jemand ausbricht, kommt Unruhe in die Familie: Die Ordnung und damit auch das Funktionieren des Zusammenspiels geraten aus dem Gleichgewicht. Oftmals enden solche Aktionen mit Streit und Zerfall der Gemeinschaft.

Welches Mitglied der Familie die Harmonie stört und warum, hat immer Grund und Folgen in der Versorgung und der Kontrolle – eben in den Zyklen!

Früher hatte die Familie einen anderen Stellenwert als heute: Im alten China galt sie als Symbol für das gute Funktionieren des ganzen Staates. Voraussetzung für die politische Befähigung der Minister war beispielsweise, dass sie es verstanden, bei sich selbst und der eigenen Familie Ordnung zu halten.

Mindestens drei Generationen wohnten unter einem Dach. Die Großeltern unterstützten die Eltern (1), indem sie auf deren Kinder achteten und sie lehrten (2). Die Eltern konnten sich dadurch ihrer Arbeit widmen und sorgten für den Unterhalt (3). So war die Versorgung der Familie sichergestellt.

Die Aufgabe der Kinder war es, sich den Anordnungen zu fügen. Eltern und Großeltern zu respektieren ist die familiäre Basis für das spätere Leben mit den eigenen Kindern:

> »Ehre deinen Vater und deine Mutter …, damit du lange lebst und es dir gut geht in dem Land, das der Herr, dein Gott, dir gibt.«
>
> (Deuteronomium, Altes Testament, Mose 5, 5 – 16 in der Luther-Übersetzung)

Die Anordnung der Familie kann im Rad der Fünf Elemente beliebig eingesetzt werden. Jedem Element kommt also die Funktion von Großeltern, Eltern und Kindern gleichzeitig zu.

Wie lässt sich der Zustand der *Imbalance in der Familie* in ein Bild fassen? Lehnen Kinder sich gegen die Eltern auf, oder Enkel gegen Großeltern, dann drehen sich natürliche Zyklen um! Diese Konfliktsituation – Kinder gegen Eltern, Enkel gegen Großeltern – ist ebenfalls in der Traditionellen Chinesischen Medizin beschrieben.

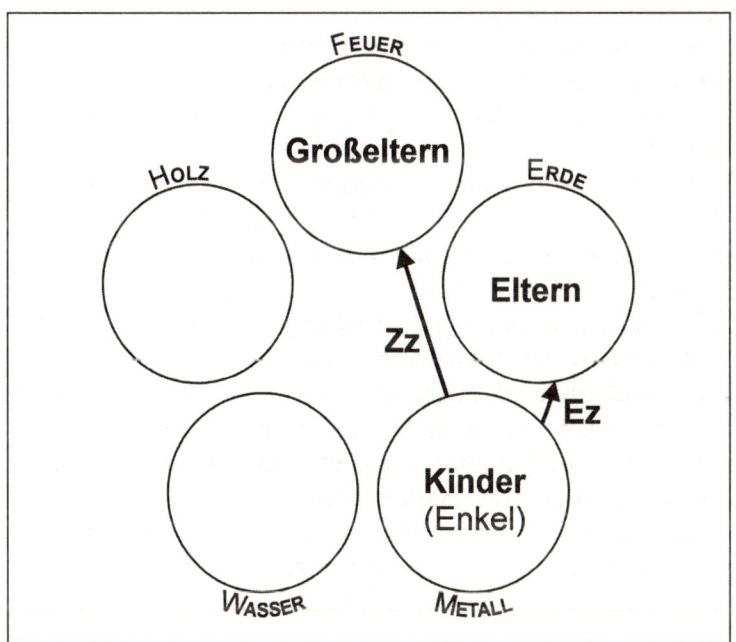

In der Medizin!
Das ist ein weiterer Hinweis dafür, dass die Gesetzmäßigkeiten der Zyklen im Äußeren wie im Inneren gelten.

Was sich außen in den Beziehungen in der Familie ereignet, ist nicht abgekoppelt von unserem Inneren. Die Organfamilie meines eigenen Körpers funktioniert nach der gleichen Ordnung – als ein Teil eines größeren Teils.

Der *Entziehungszyklus* (Ez) springt an, wenn Kinder sich gegen ihre Eltern stellen. Lehnen sich Enkel gegen ihre Großeltern auf, wird der *Zerstörungszyklus* (Zz) wirksam.

Beide Zyklen führen zu Imbalance und Krankheit: in der Familie wie im Körper zu Energie-*Entzug* oder sogar zur *Zerstörung* von funktionellen Beziehungen.

Wir lassen an dieser Stelle offen, ob es ein »Recht« gibt, dass Kinder sich die Versorgung erzwingen, wenn die Eltern ihrer Versorgungsaufgabe nicht nachkommen. Ich will auch keine Moral oder Wertungen ins Spiel bringen.

Unser Familienbild ist hier ein funktionelles!

Unser Körper fragt auch nicht nach Recht und Moral, wenn wir ihm Bewegung vorenthalten, die er zur Regulation seiner Atemsysteme dringend braucht. Er holt sich eben seinen »Strom« woanders her, denn: Er will weiterfunktionieren, will überleben. Ob uns das gut tut, bleibe vorerst dahingestellt.

Wir leben – jeder Tag ist neu, kein Tag ist wie der vorige. In diesem Leben der ununterbrochenen Veränderung sind auch die obigen Bilder nicht »in Granit gemeißelt«.

Wir können aus diesen Bildern über Kampf und Streit oder geradeso über Harmonie mehr Bewusstsein entwickeln. Desgleichen über Krankheit und Gesundheit.

Hinsichtlich unserer weiteren Betrachtungen lade ich Sie daher jetzt schon ein, mit mir immer wieder einen Blick auf diese Bilder zu richten.

Das Klima in den Elementen

Die Fünf Elemente der TCM repräsentieren gleichzeitig neben den Organenergien auch ein *Klima*:

Das Holz-Element, der Frühling, hat ein feuchtes Klima.
Das Feuer-Element, der Sommer, hat ein heißes Klima.
Das Metall-Element, der Herbst, hat ein trockenes Klima.
Das Wasser-Element, der Winter, hat ein kaltes Klima.
Diese vier Klimate finden auf der Erde statt.
Die »fünfte Jahreszeit«, in Deutschland »Altweibersommer«, in Amerika »Indian Summer« genannt, gehört als Spätsommer zum Erd-Element.

Beziehen wir den Begriff »Klima« auf unseren Körper und denken in Richtung Balance, ergibt sich: In der rechten Mischung zwischen Feucht und Trocken, Heiß und Kalt leben wir in Gesundheit!

Sind diese vier »Klimate« innerhalb unseres Körpers nicht in der Balance, kommt es zu »altvertrauten« Folgen. Es scheint fast schon »normal« geworden zu sein, mit bestimmten Symptomatiken durch die Jahreszeiten zu gehen: Im Frühjahr hat man eine Pollenallergie, im Sommer Herz- und Kreislaufprobleme oder eine Sonnenallergie, im Spätsommer geht es mit dem ersten Schnupfen los, im Herbst hat man sowieso Grippe und im Winter Erkältungen.

Aus der Sicht der Organuhr:
Im *Frühling* dominiert das Holz-Element:
Im Rad der Elemente kontrolliert das Metall-Element das Holz-Element. Ist es zu schwach, kommt es im Frühjahr zu diesen Pollenallergien – unkontrolliertes Holz!

Ist es im *Sommer* ungewöhnlich heiß, steigt die Zahl der Kreislaufkollapse. Warum?

Im Sommer dominiert das Feuer-Element:
Das Feuer-Element in der Jahreszeit ist aktiv, das Feuer-Element im Körper ebenfalls. Ist unser »inneres Feuer« aber zum Beispiel durch falsche Ernährung zu groß, kann es zu funktionellen Störungen im Herz-Kreislauf-System kommen! Außen Hitze und innen Hitze führt zur Überbelastung.

Im *Herbst* wird es dann wieder kühler – das Metall-Element ist ein kühles Element: Wir bekommen die »leichten« Erkältungen und auch ein bisschen Schnupfen.

Ein analoges Bild zeigt sich im *Winter*:
Normalerweise sollte im Zyklus der Fünf Elemente das Metall das Holz kontrollieren, das trockene Element das feuchte.
Dreht sich das im Winter um, kommt es zum Zerstörungszyklus! Das feuchte Holz geht in das trockene Metall. Die Folge sind Schnupfen, Grippe und dergleichen. Da im Winter das Wasser-Element herrscht, das große Yin, das ganz kalte Element, erscheinen die schweren Erkältungen, Husten-, Schnupfen- und Grippegeschichten.

So gehen wir mit saisonbedingten Krankheiten immer wieder durch das Jahr.

Stellen wir uns doch vergleichsweise einmal Folgendes vor:
Im Frühjahr ist unser Holz-Element in der Balance – keine Pollenallergien!
Im Sommer können wir uns über die Wärme freuen, weil unser Feuer-Element in der Balance ist.
Wir können uns am Herbst und seinen Nebelstimmungen erfreuen, weil unser Metall-Element stabil ist.
Mit einem balancierten Wasser-Element gehen wir durch die Winterkälte und alles, was damit verbunden ist – ohne Grippe, ohne triefende Nase, halb abgestorbene Füße und Hände.

Das ist eine Vorstellung, die für manche wie eine Utopie klingt, aber keine ist, wenn wir beginnen, den Weg der Balance zu gehen. Die oben genannten positiven Resultate stellen sich freilich nicht von heute auf morgen ein. Doch die Imbalancen bauen sich ja auch oft über Jahre und Jahrzehnte auf.

Das Wissen darum, selbst etwas tun zu können, sollte uns beflügeln: Wir selbst sind es, die Gesundheit und Krankheit erleben, wir sind es, die Krankheiten und Imbalancen ausbaden müssen. Was kann da wichtiger sein, als selbstverantwortlich zu werden, um für sich auch etwas zu tun!

Die Meridianordnung in den Elementen

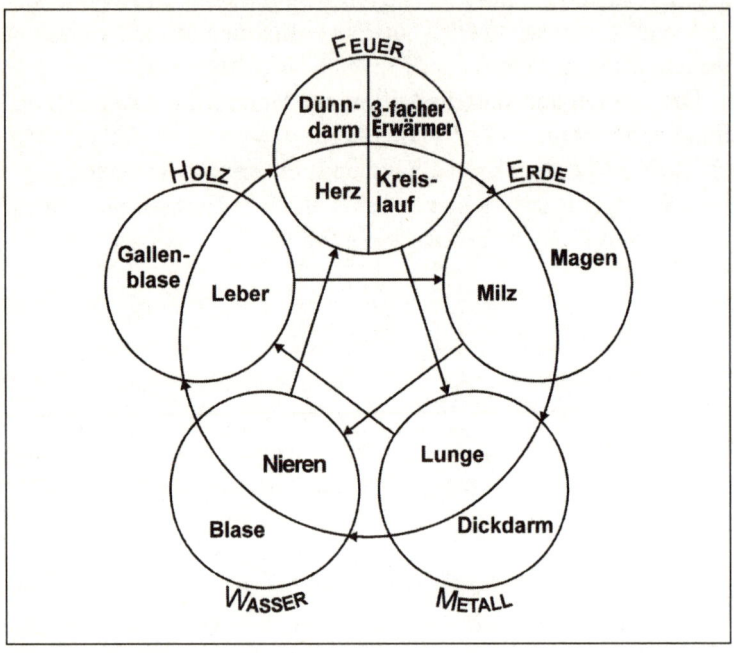

Die zwölf Hauptmeridiane sind in den Fünf Elementen in eine klare Ordnung gefasst:

- Zehn Meridiane haben Organentsprechungen, zweien sind keine spezifischen Organe zugeteilt, dem Kreislauf-Meridian und dem Dreifacher-Erwärmer-Meridian.
- Außer diesen zwölf Hauptmeridianen gibt es noch zwei Steuer-Meridiane, den Gouverneurs-Meridian, auch »Lenker-Gefäß« genannt, und den Zentralmeridian, das »Diener-Gefäß«.
  Der Gouverneurs-Meridian steuert die Yang-Meridiane im Außenkreis der Elemente.
  Der Zentral-Meridian steuert die Yin-Energien im Innenkreis der Elemente.

Die Yang-Organe sind die Hohlorgane Dünndarm, Magen, Dickdarm, Blase, Gallenblase.

Die Yang-Energie ist bewegte Energie: Durch die »gut durchlässigen« Hohlorgane kann sich diese Energie schnell weiterbewegen.

Die Yin-Organe sind die Vollorgane Herz, Milz, Lunge, Niere und Leber.

Die Yin-Energie ist die nicht bewegte Energie.

Balance entsteht dadurch, dass Yin und Yang zusammenkommen und abwechseln: Das Yang führt und bewegt das Yin. Das Yin bremst das Yang, damit es nicht zu schnell wird.

Die Elementezyklen in der Meridianordnung

Die beschriebenen Zyklen der Elemente setzen sich in den Meridianen fort: im Innenkreis und gleichermaßen im Außenkreis.

Beispiel 1:
Der *Lungen-Meridian versorgt* den Nieren-Meridian und kontrolliert den Leber-Meridian. Er selbst wird vom Milz-Meridian *versorgt* und vom Herz-Meridian kontrolliert.

Geraten diese Zyklen aus der Balance, können sie sich umdrehen und gegenlaufen: Dann würde der Nieren-Meridian dem Lungen-Meridian Energie entziehen. Der Leber-Meridian würde ihn »zerstören«. Der dadurch in Not geratende Lungen-Meridian könnte daraufhin dem Milz-Meridian Energie entziehen und die Kontrollbeziehung zum Herz-Meridian zerstören.

Sie können sich die Kette der Konsequenzen weiter denken: Gerät einer der Meridiane in einen Zustand der Schwäche, folgt daraus immer eine Rückwirkung auf das gesamte System.

Beispiel 2:
Der *Magen-Meridian* versorgt den Dickdarm-Meridian und kontrolliert den Blasen-Meridian. Er selbst wird vom Dünn-

darm-Meridian versorgt und vom Gallenblasen-Meridian kontrolliert.

Geraten diese Zyklen aus der Balance, können sie sich umdrehen wie in Beispiel 1 beschrieben: zu Entzug und Zerstörung.

Warum haben wir Kreislauf-Meridian und Dreifacher-Erwärmer-Meridian nicht erwähnt?
Bei den zwölf Hauptmeridianen haben zehn Meridiane organisches Substrat.

Zwei Meridiane, ebender Dreifacher-Erwärmer-Meridian im Yang und der Kreislauf-Meridian im Yin, haben energetisches Substrat, aber kein organisches.

Der Dreifacher-Erwärmer-Meridian gilt als »schnelle, bewegliche Eingreifreserve«. Er ist eine Yang-Energie, die tatsächlich frei zur Verfügung steht, weil sie praktisch kein organisches Substrat hat.

Im Begriff steckt bereits die Funktion: Es gibt einen Oberen, Unteren und Mittleren Erwärmer. Der Dreifacher-Erwärmer-Meridian übernimmt die Koordination von Vorgängen »oben, mittig und unten« im Körper. Er verbindet diese drei Gebiete und hat eine zentrale Führung innerhalb dieser Funktionskreise inne.

»Den« Kreislauf gibt es wie gesagt in der taoistischen Medizin nicht, da *viele Kreisläufe* zu koordinieren sind. Ob diese Kreisläufe nun gut oder schlecht funktionieren, sie müssen funktionieren. Daher wird der Kreislauf-Meridian auch »Abhängiger Gesandter« genannt.

Funktioniert er gut, dann haben wir Lebenslust und Lebensfreude. Funktioniert er nicht so gut, dann fällt es uns schwer, diese beiden schönen Qualitäten zu empfinden.

Was tut sich zwischen Innenkreis und Außenkreis, zwischen Yin und Yang?
Es versteht sich von selbst, dass diese Funktionskreise nicht völlig unabhängig voneinander arbeiten: Tatsächlich greifen sie

ineinander. In einem ununterbrochenen Wechselspiel durchdringen sie sich auf allen Ebenen.

Als Bild dazu:
Jemand arbeitet extrem viel im Außen und vergisst dabei, auf seine innere Entwicklung durch Meditation, Tagesrückschau, Kontemplation etc. zu achten. Außen (im Yang) bewegt sich immer mehr, innen (im Yin) kommt immer mehr zum Stillstand. Anlässlich des »Ruhestandes« wird dann plötzlich eine große innere Leere bemerkt ...
Damit lasse ich dieses Bild offen. – Erlauben Sie mir dennoch einen Kommentar dazu: Wenn Menschen in ihrem funktionellen Leben, ich meine das Berufsleben, zwar eine Struktur gefunden, aber ihr Inneres (ihr Yin) etwas vernachlässigt haben, dann kommt es spätestens beim Ausscheiden aus dem Berufsleben oft zu einer inneren Leere oder zu einer Art Verzweiflung.

Sie kennen solche oder ähnliche Bemerkungen: »Wenn ich nicht mehr arbeite, bin ich sowieso nutzlos« – »Jetzt bin ich eh nutzlos, ich habe den ganzen Tag Zeit, ich habe nichts zu tun.«

In unserer Gesellschaft findet die Bahnung für die Förderung des Lebens im Alter zu wenig Beachtung, obwohl schon viele Bestrebungen im Gange sind. Ich nenne hier eine davon: An manchen Universitäten wird das Studienfach »Gerontologie« angeboten. Es behandelt Themen der »Pflege im Alter« – weniger die gesundheitliche, sondern vorrangig die geistige Pflege und die Reifung.

Ich halte es für wichtig, sich mit dem Gedanken vertraut zu machen, dass wir nicht altern, sondern reifen.

Welchen Bildausschnitt wir aus unserem Leben auch betrachten: Yang und Yin sind ohne Ausnahme immer wirksam. Deshalb ist es schwierig, die Durchdringung von Yang-Meridianen und Yin-Meridianen in Zyklen zu fassen. Als Beispiel für eine solche Betrachtung komplexerer Art möge die Fallanalyse von Frau K. im hinteren Teil des Buches dienen.

Zum Begriff »Balance«

Balance entsteht dadurch, dass Yin und Yang sich ständig abwechseln. Dadurch, dass sie sich immer schneller abwechseln können, wird eine Balance stabil. Somit gibt es eine Dynamik in der Bewegung und eine Dynamik in der Ruhe, weil die Ruhe der dynamische Gegenpol der Bewegung ist!

Bewegung und Ruhe müssen sich abwechseln, sonst kann es nicht zu einer Balance kommen. Hätten wir nur das Yang, also nur die Bewegung, dann würde sie sich verselbstständigen und unendlich schnell werden. Hätten wir nur das Yin, das Nichtbewegen, würde es irgendwann depressiv versacken.

Somit kommt das Yang zum Yin und bewegt es, und das Yin kommt zum Yang und gibt der Bewegung den richtigen Tonus. Diesen Wechsel, der dafür sorgt, dass die Bewegung nicht zu langsam und nicht zu schnell wird, nennt man Balance.

Balance, das ständige Wechseln, ist eine *Dauer*. Diese Dauer währt so lange, wie unser Körper lebt oder, wie wir sagen, solange wir leben.

Im Buch der Wandlungen, dem I Ging, das älter als die Bibel ist und von Tausenden von Menschen geschrieben wurde, lesen wir unter Zeichen Nummer 32 »HONG die Dauer«:

> »Die Dauer ist ein Zustand, dessen Bewegung sich nicht durch Hemmungen aufreibt. Sie ist nicht ein Ruhezustand; denn bloßer Stillstand ist Rückgang. Dauer ist vielmehr eine in sich geschlossene und darum stets sich erneuernde, nach festen Gesetzen sich vollziehende Bewegung eines organisierten, in sich fest geschlossenen Ganzen [besser kann man unser Energiesystem eigentlich nicht beschreiben], bei der auf jedes Ende ein neuer Anfang folgt. Das Ende wird erreicht durch die Bewegung nach innen, das Einatmen, die Systole, die Konzentration. Diese Bewegung geht über in einen neuen Anfang, bei dem die Bewegung nach außen

gerichtet ist, das Ausatmen, die Diastole, die Expansion. So haben die Himmelskörper ihre Bahnen am Himmel und können daher dauernd leuchten. Die Jahreszeiten haben ein festes Gesetz des Wechsels und der Umbildung und können daher dauernd wirken. Und so hat auch der Berufene einen dauernden Sinn in seinem Weg, und die Welt kommt dadurch zur fertigen Bildung. Aus dem, worin die Dinge ihre Dauer haben, kann man die Natur aller Wesen im Himmel und auf Erden erkennen.«

Zum Begriff »Zyklus«

Ein zentraler Begriff des Buches heißt »Zyklus«: Zyklen bestehen aus Vorgängen, die sich wiederholen – immer ähnlich, nie gleich!

Indem wir Zyklen beobachten, erkennen wir Ordnungen. Aus der Spanne zwischen einem Zustand und dem nächsten »fast gleichen« Zustand lesen wir das Zeitmaß.

Daraus folgt, dass Zyklen nur dann zu beobachten sind, wenn sich etwas bewegt.

Würde die Bewegung sich plötzlich verlangsamen oder beschleunigen, geriete der Vorgang aus seiner Balance. Die Folge: Verlust des Zeitmaßes, Verlust der Ordnung – er wird zum Störfeld für alles, was mit ihm in Beziehung steht.

Da die Zyklen der Meridiane in den Elementen eine Ordnung haben, ist es sinnvoll, sich zuerst eine Übersicht über diese Ordnung zu verschaffen. In der Hauptsache folgen wir dem Prinzip:

- Wie sieht die Ordnung meiner inneren Uhr aus?
- Wie sieht das aus der Ordnung Geratene aus?
- Was kann ich selbst tun, um wieder in meine Ordnung zu finden?

Die Organuhr

Rahmenbedingungen

In der Darstellung unserer inneren Uhr beziehe ich mich auf die folgend genannten Zyklen:

- Unsere Organuhr durchläuft alle Energien einmal pro Stunde.
- Den größeren Rhythmus läuft sie einmal in 24 Stunden.
- Die Jahreszeiten führen uns durch ein Jahr.
- Einen noch größeren Kreis durchläuft sie alle zwölf Jahre.

Letzteres erklärt, warum die chinesischen Jahre immer bestimmte Tierkreiszeichen haben, die sich alle zwölf Jahre wiederholen, zum Beispiel von Februar 2002 bis Februar 2003 das »Jahr des Pferdes«.

Neu in diesem Buch ist der Bezug in den Akupunktur-Meridianen: Yin- *und* Yang-Zeiten finden wir in Yin-Meridianen wie in Yang-Meridianen!

Die Beschreibung dieser Beziehungen fehlte bisher in der Literatur.

Das zeitliche Zusammenspiel der Meridiane ist der zentrale Teil für die Nutzanwendungen dieses Buches: die Übungen und Mudrawege.

Yin- und Yang-Zeiten in der Organuhr

Die Organuhr und die Yin-Zeiten:

Dickdarm-Meridian .... 06.00–08.00 Uhr
Magen-Meridian .... 08.00–10.00 Uhr
Milz-Meridian .... 10.00–12.00 Uhr
Herz-Meridian .... 12.00–14.00 Uhr
Dünndarm-Meridian .... 14.00–16.00 Uhr
Blasen-Meridian .... 16.00–18.00 Uhr
Nieren-Meridian .... 18.00–20.00 Uhr
Kreislauf-Meridian .... 20.00–22.00 Uhr
Dreifacher-Erwärmer-Meridian .... 22.00–24.00 Uhr
Gallenblasen-Meridian .... 24.00–02.00 Uhr
Leber-Meridian .... 02.00–04.00 Uhr
Lungen-Meridian .... 04.00–06.00 Uhr

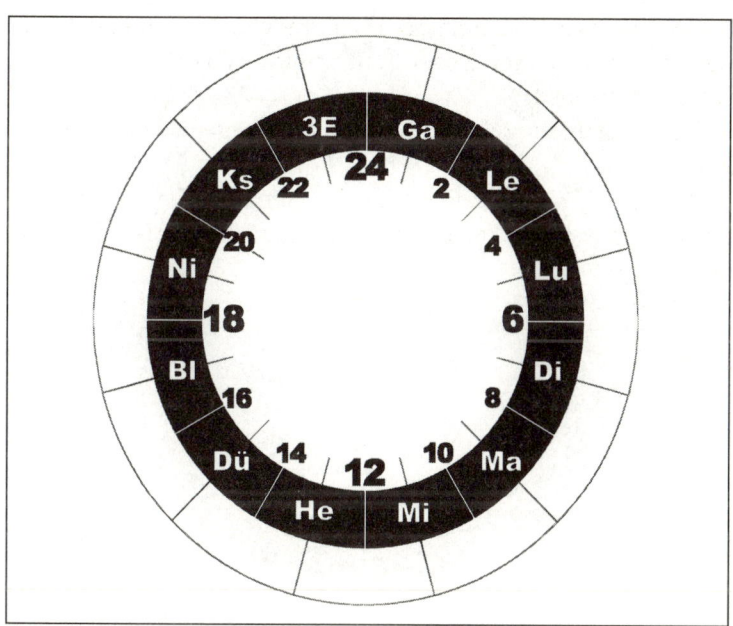

Die Organuhr und die Yang-Zeiten:

Dickdarm-Meridian . . . . 05.00–07.00 Uhr
Magen-Meridian . . . . 07.00–09.00 Uhr
Milz-Meridian . . . . 09.00–11.00 Uhr
Herz-Meridian . . . . 11.00–13.00 Uhr
Dünndarm-Meridian . . . . 13.00–15.00 Uhr
Blasen-Meridian . . . . 15.00–17.00 Uhr
Nieren-Meridian . . . . 17.00–19.00 Uhr
Kreislauf-Meridian . . . . 19.00–21.00 Uhr
Dreifacher-Erwärmer-Meridian . . . . 21.00–23.00 Uhr
Gallenblasen-Meridian . . . . 23.00–01.00 Uhr
Leber-Meridian . . . . 01.00–03.00 Uhr
Lungen-Meridian . . . . 03.00–05.00 Uhr

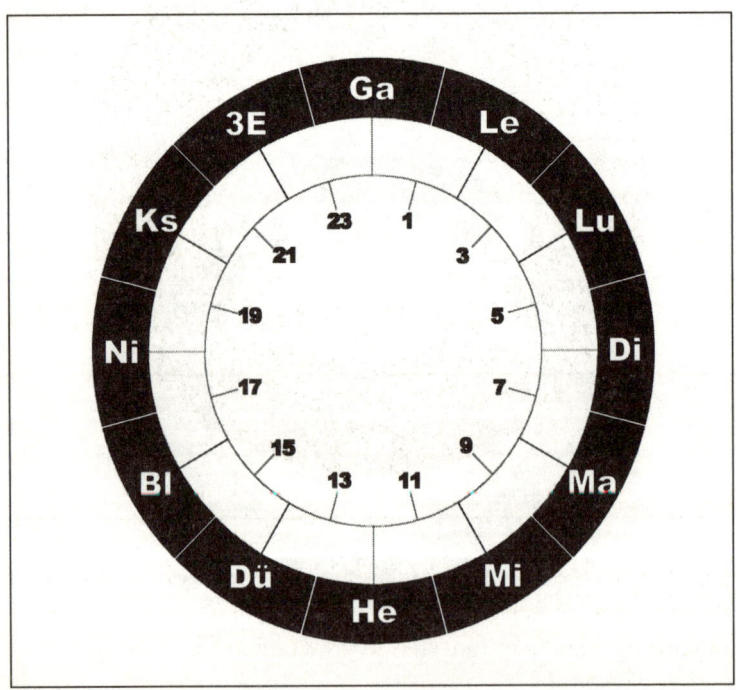

Die Yin-Zeiten der Organuhr haben immer existiert, die Yang-Zeiten ebenso.
Bisher gab es für »jede Seite« deren Verfechter. Doch eins wurde bei der Betrachtung der inneren Uhr bis dato nie wirklich berücksichtigt: Es kann nicht sein, dass ein Meridian plötzlich aufhört und der nächste beginnt!
Logisch notwendig muss ein Zusammenspiel von Yin und Yang stattfinden, damit die Funktion der Meridiane in der Dynamik des Tages und in der Ruhe der Nacht stabil ist.

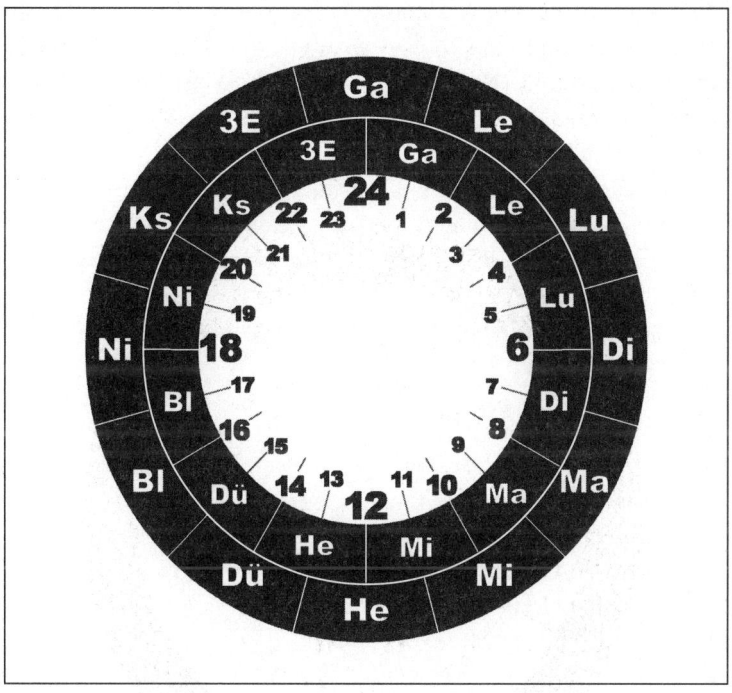

Die Ruhe ist der dynamische Gegenpol der Bewegung! Ruhe und Bewegung müssen sich gegenseitig ergänzen. Diese gegenseitige Ergänzung stabilisiert unseren Körper und unsere Gesundheit.

Yin- und Yang-Zeiten müssen nebeneinander existieren, sonst gäbe es ja keinen Raum, sodass sich eine Organenergie einmal in die Balance begibt.

Durch die Yin- und Yang-Zeiten, die nebeneinander existieren, haben wir eine *Balance-Zeit*, in der die Organenergie in Yin und Yang in der Balance ist.

Wenn sich beispielsweise die Blasenenergie im Yin und Yang in der Balance befindet, dann ist sie bei Frauen und Männern im Gleichgewicht. Es existiert kein geschlechtsspezifischer Unterschied.

Wir dürfen Yin als weiblichen Aspekt sehen, Yang als männlichen. Männer und Frauen leben die Balance im Yin und Yang. Balance heißt: Das Yin ist genauso groß wie das Yang. Und umgekehrt.

Ein Yin ohne Yang ist nicht vorstellbar. Genauso wie ein Yang ohne Yin nicht denkbar sein kann. Beide ergänzen sich immer zu einem Ganzen. Denn Yin und Yang sind nur *Aspekte* eines Ganzen.

Es geht um die Balance der Polaritäten, nicht um den Kampf der Geschlechter.

Im Yin entsteht Krankheit.
Krankheit ist eine Stagnation.
Durch das Yang wird die Krankheit bewegt.
Wird diese bewegt, kann sie sich balancieren.
Somit entsteht Gesundheit.
Die Gesundheit kehrt ins Yin zurück.
Denn wir wollen ja gesund *bleiben*.

Spreche ich von Yang-Zeiten, geht es um die Dynamik des Tages und um Heilung. Spreche ich von Yin-Zeiten, geht es um den Gesundheitszustand, der bleiben soll.

Das Yang führt an, und das Yin folgt nach. Damit das Yang, die bewegte Energie, sich nicht zu schnell bewegt, bremst das Yin das Yang. So kann das Yang auch verweilen. Das Yang bewegt das Yin, damit das Yin, das Nichtbewegte, nicht in Depression versinkt.

Bei den Yang-Zeiten handelt es sich um die Dynamik der fortschreitenden Zeit: Der Tag fängt an, schreitet voran und vergeht, geht über in die Nacht, und ein neuer Tag beginnt.

Die Yin-Zeit ist die Zeit, in der Balance stattfindet.

Bringen wir beide Modelle zusammen, dann hat ein Yang-Meridian Yin- und Yang-Zeiten, und ein Yin-Meridian hat auch Yin- und Yang-Zeiten. Beide, Yin- und Yang-Meridiane, haben eine Balancezeit. Mit Balancezeit ist gemeint, dass weder Yin-Modell noch Yang-Modell allein bestehen können. Es ist nicht möglich, dass um Punkt 5.00 Uhr die Energie meiner Lunge aufhört und exakt um Punkt 5.00 Uhr die Energie meines Dickdarms beginnt! Was wäre denn, wenn der Dickdarm-Meridian ein bisschen »verschläft«? Fiele ich dann tot um? Bliebe mein Körper stehen? Oder ruhe ich mich aus, bis die Energie sich »zufällig« mal belebt ...?

Wir müssen hier logischerweise von fließenden Übergängen ausgehen! Das eine löst das andere ab, die Übergänge müssen fließend sein.

Unsere Energiebahnen – die Meridiane

In der TCM wurde das Wissen über die Meridiane über mehrere Jahrtausende entwickelt. Die Methode der Akupunktur hat in den letzten Jahrzehnten auch in unsere westlichen Medizin Eingang gefunden. Mittels feiner Nadeln können die »Stromflüsse« (die natürlich feinstofflicher Natur sind) in unserem inneren »Stromnetz« reguliert werden. Unsere Mittel der Einflussnahme sind Übungen und Mudras.

Ob wir uns bewegen, emotional entspannt oder belastet sind, denken und planen, wachen oder schlafen: Nichts passiert ohne unser inneres Stromnetz!

Was ich an eine Stromleitung dranhänge, belastet diese. Wie kann ich entlasten oder sogar Strom einspeisen?

An der Stromleitung »Magen-Meridian« hängen als Funktionssysteme unter anderem Augen, Brust, Magen und Knie. Belaste ich die Leitung durch acht Stunden Computerarbeit (Augen) mit übergeschlagenen Beinen (Knie) und Ressourcen verzehrender Ernährung (Magen), könnte es einen Kurzschluss geben: in Form plötzlich aufschießender Aggressionen (»Ausrasten«), in Form schlagartiger Müdigkeit (»Abschalten«), in Form von Zuständen irgendwo dazwischen.

Kurzschlüsse gibt es im Allgemeinen selten. Fast immer – also im Normalfall – kommt Hilfe von woanders. Wir haben ja ein Strom*netz*! Die einzelnen Leitungen hängen in einem gemeinsamen »Network« zusammen. Energie wird woanders abgezogen – was zur Folge hat, dass die dort angehängten Funktionssysteme weniger Versorgungskapazität haben!

Jede *Be*lastung einer einzelnen Leitung ist immer ebenso Sache des gesamten Netzes! Jede *Ent*lastung fairerweise auch. Jede Einspeisung hilft dem gesamten Netz und damit allen Funktionseinheiten.

Was nutzt uns nun unsere Betrachtung?

Unsere Energiebahnen – die Meridiane

- Wir erlangen Kenntnis über die wichtigsten Leitungen, die Hauptmeridiane,
- erwerben das Wissen, was »dranhängt«,
- erfassen die *innere Ordnung* der Meridiane im Netz sowie
- die Zeiten ihrer Hauptaktivität und eignen uns
- das Know-how des Entlastens und Förderns an – die Anwendung unserer Mittel, die zur Herstellung der Balance und damit zur Voraussetzung für Gesundheit führen.

Die spezifische Beschreibung der Meridiane

Der *Zentral-Meridian* (ZM) steuert alle Meridiane, die am Tag ihre Hauptaktivität entfalten. Der *Gouverneurs-Meridian* (GM) steuert alle Meridiane, die nachts hauptaktiv sind. Die aufsteigende Energie des Tages wirkt von 5.00 bis 17.00 Uhr, die absteigende Energie von 17.00 bis 5.00 Uhr. Die Funktionen dieser Energien und ihrer untergeordneten Systeme haben daher einen charakteristischen Tagesgang: *Zwölf Hauptmeridiane* teilen sich in ihrer Aktivität die 24 Stunden des Tages. Im antiken China war der Tag deswegen in zwölf Doppelstunden unterteilt. Sie wurden nach den Tierkreiszeichen des chinesischen Horoskops benannt – zum Beispiel die »Stunde der Schlange« von 9.00 bis 11.00 Uhr oder die »Stunde des Hahnes« von 17.00 bis 19.00 Uhr. Somit hatte der Tag eine festgelegte Struktur, an die sich alle Vorgänge im Leben anlehnen konnten (siehe das Kapitel »Die Organuhr und die Tiere aus der chinesischen Astrologie«).

Das Meridiansystem ist also ein in sich geschlossenes System. Es fängt mit der Geburt an zu funktionieren und stellt mit dem Tod die Arbeit ein. Das System läuft zeitlebens ununterbrochen! Dies ist möglich, weil sich die Zyklen der Energie ergänzen und regenerieren.

Die Abbildungen zeigen die äußeren Meridianverläufe, zu denen die Akupunkturpunkte an der Hautoberfläche Zugang gewähren. Die Meridiane haben des Weiteren innere Verläufe und zwei Zweige: Ein Zweig geht zum Organ, der andere ist ein Übergang zum nächsten Meridian. Die äußeren Meridiane haben Anfangs- und Endpunkte (siehe die Kurzbeschreibungen unter den Abbildungen). Die inneren Meridiane sind miteinander verknüpft.

Damit wird klar, dass Meridiane in ihrem Verlauf nicht an die

Lage des namengebenden Organs gebunden sind (Beispiel Dickdarm-Meridian).
Wir beschreiben in den Bildern die äußeren Verläufe.

Zuerst legen wir uns unser Informationsmaterial zurecht – zum jederzeitigen schnellen Zugriff.
Der Vorteil liegt auf der Hand: Wenn es mal irgendwo zwickt, können wir uns mit einem Blick eine erste Orientierung verschaffen. Denn, Sie ahnen schon, es zwickt nicht »zufällig«, meist auch nicht »absichtlich«, aber: Es gibt eine Logik in unserer inneren Ordnung.

Zur Legende der Meridianübersichten:
Rechtsseitig finden Sie die physiologischen Meridianverläufe mit einer Kurzbeschreibung.
Linksseitig stehen die Daten zum abgebildeten Meridian.
Die Kommentierung der Daten auf den Folgeseiten ist Teil der Entdeckungsreise in die Wirkungsweise unserer inneren Uhr.

Lungen-Meridian

Element:	**Metall**
Polarität:	**Yin**
Yang-Zeit:	**3.00–5.00 Uhr**
Balance-Zeit:	**4.00–5.00 Uhr**
Yin-Zeit:	**4.00–6.00 Uhr**
Jahreszeit:	**Herbst**
Tier:	**Tiger**
Qualitäten:	**Scham – Angst, Mut – Stolz, Distanz – Abgrenzung**
Mudrawege:	**3, 4, 5**

Die spezifische Beschreibung der Meridiane

Figur 1, Lungen-Meridian

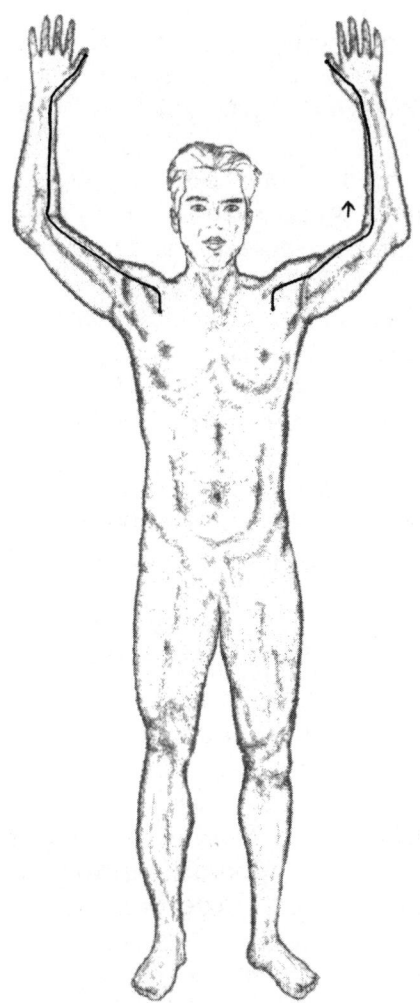

Anfang: ~ 2½ Fingerbreit unterhalb der Mitte des Schlüsselbeins
Verlauf: an der Innenseite des Armes durch Armbeuge und Handgelenk
Ende: Nagelfalz des Daumens außen

Der Lungen-Meridian in der Organuhr

Die Lunge ist das Wichtigste, denn ein Körper, der nicht atmet, ist tot. Über das einfache Ein- und Ausatmen hinaus geht es generell um Luft im Körper.

Unsere Atemluft enthält zirka 18 Prozent Sauerstoff. Von diesen 18 Prozent können wir höchstens 4 Prozent im Körper behalten, wenn wir gut atmen und unser Körper fit ist. Mit »fit« meine ich energetisch und organisch in Ordnung.

Was aber, wenn unser Energiezustand nur 3, 2 oder nur 1 Prozent Luftaufnahme ermöglicht?

Die Atmung macht Verbrennungsvorgänge im Körper möglich, aus denen wir Energie gewinnen sollten.

Asiatische Lehrer sagen mir immer wieder: »Ihr im Westen sprecht wiederholt vom besseren Essen und der noch besseren Küche. Warum sprecht ihr nie von der besseren Atmung?«

Welchen Nutzen können wir aus unserem Essen ziehen, wenn das Zusammenspiel von Atmung–Verbrennung–Verdauung schlecht funktioniert?

Ein Seitenblick: Ist jemand krank und atmet schlecht, müsste er eigentlich mit dem Essen sehr vorsichtig sein. Denn die Verdauung des Essens braucht Luft. Das betrifft gleichermaßen Arzneimittel! Alles, was auf uns zukommt, muss verdaut werden: Nahrung oder Medikamente genauso wie Emotionen.

Wir wissen aus vielen Untersuchungen, dass bei allen Formen von Stress Symptomatiken spontan entstehen: Die Nebennieren gelten als Kontrollinstanz der Stresshormone Adrenalin und Noradrenalin. Im Stress verändert sich die Atmung – die Frequenz wird schneller, die Atmung flacher.

Können wir sie noch kontrollieren? Was kann uns alles so in Erregung versetzen, dass unsere Atemkontrolle verloren geht?

Tagtäglich strömt viel auf uns ein, aber weniges betrifft uns *direkt*. Konkret: Warum lasse ich zu, dass eine Medienmeldung über ein schreckliches Unglück oder Verbrechen meine Atmung beeinflusst? Bin ich direkt betroffen? Warum lasse ich mich »schrecken«? Den tatsächlich Betroffenen kann es nicht nützen, wenn mein Atem stockt. Mir aber schadet es! Schwächung der Atmung schwächt meine Lebenskraft. Warum nicht so: mitfühlen, aber dennoch die Kontrolle über die eigene Atmung behalten?

Die Qualitäten des Lungen-Meridians sind *Distanz* und *Mut*. Wer immer die richtige Distanz zu Menschen, Dingen und Umständen lebt, wird sich nie verwickeln! Ihm werden Dinge nie zu eng, er gerät nicht zu schnell in Stress, er kann Situationen immer überblicken.

Das Gegenteil heißt: Abkapselung, unerklärliche Ängste, Depressionen.

Die Energie der Lungen ist essenziell lebenswichtig!

»Eine gute Atmung macht ein leichtes Herz« – siehe die Verbindung Herz-Meridian (Feuer-Element)/Lungen-Meridian (Metall-Element).

Feuer brennt nur dann gut, wenn genügend Luft da ist: Wenn ein Mensch zum Beispiel einen Herzanfall erleidet, gerät er in *Panik*. Denn die Verbindung von Herz-Meridian zu Lungen-Meridian ist bedroht!

Diese Panik gehört zum Lungen-Meridian. Bedroht ist die Atmung, damit das Herz, deshalb das Leben.

Dickdarm-Meridian

Element:	**Metall**
Polarität:	**Yang**
Yang-Zeit:	**5.00–7.00 Uhr**
Balance-Zeit:	**6.00–7.00 Uhr**
Yin-Zeit:	**6.00–8.00 Uhr**
Jahreszeit:	**Herbst**
Tier:	**Hase**
Qualitäten:	**Annehmen – Loslassen**
Mudrawege:	**5, 6, 7**

Figur 2, Dickdarm-Meridian

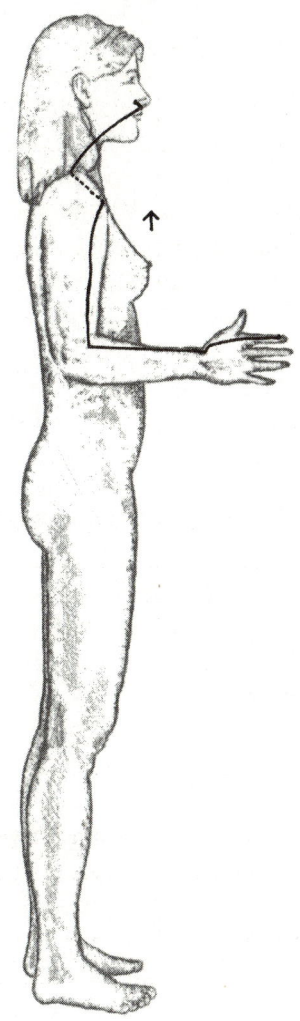

Anfang: daumenseitiger Nagelfalz des Zeigefingers
Verlauf: an der Armaußenseite über Schulter und Hals zur Wange
Ende: neben den Nasenflügeln

Der Dickdarm-Meridian in der Organuhr

Der erste Meridian des Tages ist der Dickdarm-Meridian. Er repräsentiert im Metall-Element die Yang-Energie, das Bewegte.

»Dickdarm« lässt uns an Ausscheidung und Kot denken, der Meridian hat aber darüber hinausreichende zentrale Funktionen: Er trägt 60 bis 70 Prozent unseres Immunsystems!
Der Zusammenhang mit Atmung/Lungen-Meridian liegt nahe: Gute Atmung erleichtert die Verdauung und entlastet »den Pförtner, der das nicht mehr Brauchbare hinaustransportiert«.

Die Qualitäten des Dickdarm-Meridians heißen *Annehmen–Loslassen:*
Hat jemand wenig Energie, ist beides schwer, das Loslassen von »Sicherheiten« ebenso wie das Annehmen von »Neuem« – auch wenn es nützlich wäre. Neues birgt immer ein Risiko, das wir nicht kennen.
Mit sinkender Energie wächst oft die Angst!
Menschen, die schwer loslassen können, können auch schwer annehmen.
Eine Möglichkeit zur Hilfe ist, ihnen so viel zu geben, dass sie die Dinge annehmen »müssen«: Dann bewegt sich etwas. Auf diese Weise kann auch das Loslassen gebahnt werden.

Wie kommen Menschen zu chronischen Verstopfungen? Oder Durchfall? Funktioniert die Balance zwischen Annehmen und Loslassen nicht mehr? Auf welchen Ebenen können wir uns da selbst blockieren?
Von der Tageszeit her sehen Sie, dass morgens die Energie des Dickdarms aktiv ist. Von daher ist unser Körper bestrebt, sich selbst zu reinigen – wieder im Sinne von »Annehmen–Loslassen«.

Wir können unseren Tag vorbereiten: »Was sollte ich heute annehmen, damit der Tag besser verläuft als gestern? Was sollte ich loslassen, damit ich die gleichen Fehler nicht wieder mache oder in unvorhergesehene Fallen tappe?«

Sammeln Sie gerne? So schön und faszinierend es ist, Dinge zu sammeln, die einem etwas bedeuten – es entsteht dabei ein Problem, das viele kennen: das des Nicht-loslassen-Könnens. Dadurch wird irgendwann der »Raum knapp«, im Äußeren wie im Inneren.

Wenn wir weggeben, haben wir Raum für Neues. Jedes Ding, das ich *habe*, hat ein Stück Energie von mir. Wie beweglich bin ich noch? Wie viel hängt an mir, an wie viel hänge ich?

Da sammelt jemand Dinge, die ihn überdauern. Kaum ist er gestorben, werfen die Erben das Zeug weg, weil es ihnen nichts bedeutet. Schade oder nicht schade – was vorher nicht weggegeben worden ist, hat Raum beansprucht, der somit verstellt war und für anderes keinen Platz gelassen hat.

Magen-Meridian

Element:	**Erde**
Polarität:	**Yang**
Yang-Zeit:	**7.00–9.00 Uhr**
Balance-Zeit:	**8.00–9.00 Uhr**
Yin-Zeit:	**8.00–10.00 Uhr**
Jahreszeit:	**Spätsommer**
Tier:	**Drache**
Qualitäten:	**Heilung – Aggression, Wut (Zorn)**
Mudrawege:	**7, 8, 9**

Die spezifische Beschreibung der Meridiane

Figur 3, Magen-Meridian

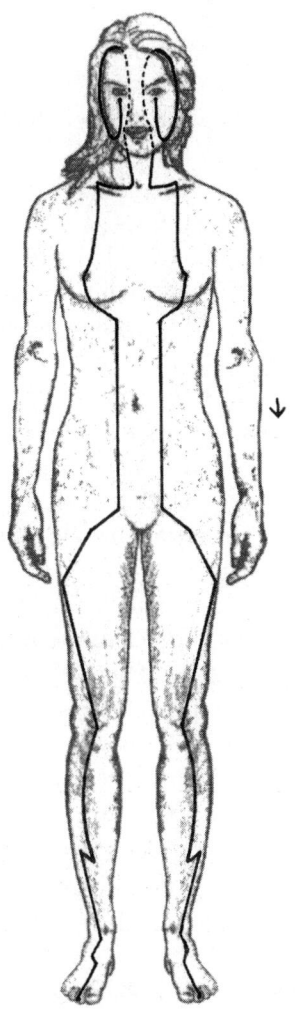

Anfang: mittig unter den Augen

Verlauf: über Wangen, Stirn, Augen, Hals, Brust, Bauch, Hüfte, Knie, Fuß

Ende: zweite Zehe, Nagelfalz außen (zur dritten Zehe hin)

Der Magen-Meridian in der Organuhr

Die Qualitäten des Magen-Meridians sind *Heilung – Aggression, Wut (Zorn)*: Das Erd-Element kontrolliert das Wasser-Element. Im Wasser-Element ist unsere Urkraft, der Sitz unserer Selbstheilung.
Existieren Probleme mit Organen im Wasser-Element, ist es ratsam, die Balance im Erd-Element zu beginnen.

Aggression als »vitale Lebenskraft« hat ebenfalls mit dem Magen-Meridian zu tun. Sie erscheint als unstrukturierte Kraft. Wenn uns jemand aggressiv begegnet, liegt oft die Neigung zur Gegenaggression nahe.
Besser wäre folgende Betrachtung: Ist jemand mir gegenüber aggressiv, bekomme ich etwas sehr Seltenes im Leben – hundertprozentige Aufmerksamkeit! Diese sollten wir als Energie nutzen lernen und die Emotionen da lassen, wo sie herkommen.
Das geht gut, wenn wir unsere Atmung kontrollieren.

Wütend und zornig sind wir manchmal über andere Menschen, manchmal auch auf uns selbst. Zeitweise kommt es vor, dass wir zornig sind, weil wir wütend auf uns selber sind.
Wenn Menschen Zorn im Äußeren zeigen, ist es wichtig zu wissen, dass mit diesen Menschen momentan nicht zu reden ist! Auslöser für ihren Zorn können Sorgen sein, tiefe Trauer – die Zyklen der Versorgung und Kontrolle sind dadurch aus der Balance geraten.

Das »Gespann« *Aggression* (als nicht strukturierte Lebenskraft) und *Heilung* ist morgens zwischen 7.00 und 9.00 Uhr aktiv. Physiologisch gesehen in der Frühstückszeit.
Was uns in dieser Zeit bereits »auf den Magen schlägt«, schleppen wir womöglich durch den ganzen Tag hindurch mit.
Regen wir uns, als Beispiel, ständig über dieselben Geschichten der Tagespolitik in der Morgenzeitung auf, verpuffen unsere Energien schon am frühen Morgen.

Das Bessere wäre, die Morgentätigkeiten würden uns stärken und unterstützen, statt erschöpfen.

Wie könnte ein für den Magen-Meridian freundlicher Morgen aussehen? Üben, *Üben,* Meditieren, Schweigen, nicht essen, ... die Verdauung des vorangegangenen Tages.

Milz-Meridian

Element:	**Erde**
Polarität:	**Yin**
Yang-Zeit:	**9.00–11.00 Uhr**
Balance-Zeit:	**10.00–11.00 Uhr**
Yin-Zeit:	**10.00–12.00 Uhr**
Jahreszeit:	**Spätsommer**
Tier:	**Schlange**
Qualitäten:	**Kummer – Sorgen, Offenheit – Trauer, Kontrolle ausüben (Selbstkontrolle)**
Mudrawege:	**9, 10, 11**

Figur 4, Milz-Meridian

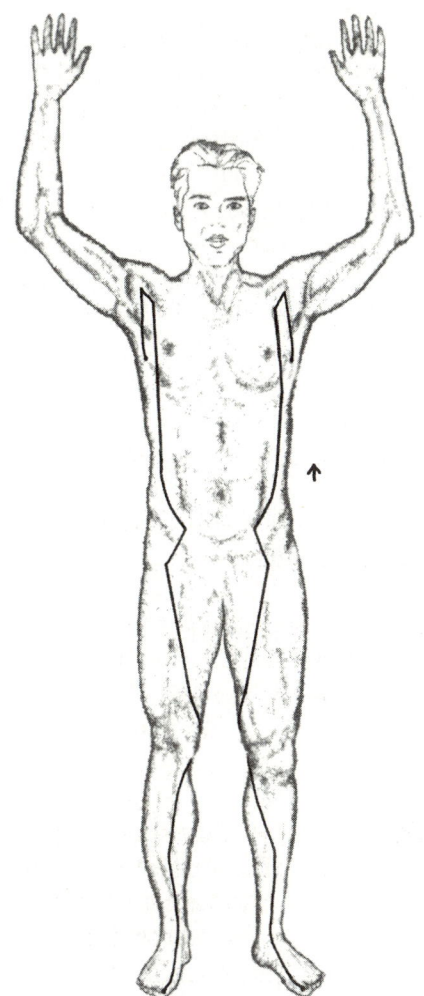

Anfang: Nagelfalz der großen Zehe innen

Verlauf: Fußinnenseite, Knieinnenseite, Hüfte, Schultergelenk, Brust seitlich

Ende: seitlich neben der Brustwarze

Der Milz-Meridian in der Organuhr

Die Energie der Milz und des Pankreas (der Bauchspeicheldrüse) gehören als Yin-Energie im Erd-Element zusammen.

Pankreas hat mit der Zuckerverdauung zu tun: Zucker ist in unserer Gesellschaft – ich sage nicht in der Ernährung, sondern in unserer Gesellschaft – ein großes Problem als Suchtauslöser geworden! Vor 500 Jahren betrug der Zuckerverbrauch pro Kopf und Jahr 500 Gramm, heute etwa 100 Kilogramm – Babys, alte Menschen oder andere, die keinen Zucker essen, mitgerechnet!

Ein erwachsener Mensch hat zirka 6 bis 7 Liter Blut mit einem Gesamtzuckergehalt von 20 Gramm im Körper. Wie wird der Körper mit dem Ansturm einer großen Menge Zucker fertig? Er wehrt sich dagegen und versucht den Körper weiter lebensfähig zu halten!

Unser Körper ist ein sich selbst balancierendes autonomes Überlebenssystem. Entsteht eine Not, im Beispiel durch die »Überdosis« an Zucker, muss er dies natürlich kompensieren und Abwehrmechanismen bereitstellen.

Das Zuviel an Zucker wirkt sich vor allen Dingen auf Drüsen und Nebennieren aus. Die *Nebennieren* sind dem Feuer-Element zugeordnet und befinden sich in der Nähe unseres Herzens.

Die Taoisten sagen: Dieses große Feuer der Nebennieren »is cooking your heart well done« –, unser Herz wird also gut »durchgekocht«!

Großes Feuer braucht viel Luft. Dadurch ist Zucker, neben Milchprodukten, das größte »Atemgift« überhaupt.

Die Nebennieren sind mit der Überwachung und Steuerung unserer Stresshormone Adrenalin und Noradrenalin befasst. Außerdem haben sie einen Effekt auf das Nervensystem und stehen in direkter Beziehung zur Hypophyse, der Hirnanhangdrüse. Die Hypophyse regelt die Hormonsteuerung. Da die Hypophyse die Hormone steuert, hat das vor allem eine Auswirkung auf unseren Unterleib, auf unsere Geschlechtshormone. Beeinträchtigte Energie kann hier zu Eileiter-, Gebärmutterproblemen und Menstruationsbeschwerden führen. Bei Männern zu Imbalancen in der Prostata und den Uretern, den Harnleitern.

Nebenbei gesagt fördert Zucker das Pilzwachstum im Darm. Wir wissen ja, dass sich in unserem Dickdarm 60 bis 70 Prozent des Immunsystems befinden. Wenn da übermäßiges Pilzwachstum entsteht, wird unser gesamtes Immunsystem geschwächt bzw. in seiner Effektivität herabgesetzt. Mit einem derart beeinträchtigten Immunsystem ist eine »Sollbruchstelle« (siehe Seite 199) vorgegeben, die sich überall auswirken kann.

Das kann der Anfang einer Allergie sein, die erst energetisch entsteht (in Verhaltensmustern, Emotionen) und später physische Auswirkungen hat.

Die Qualitäten des Milz-Meridians sind: *Kummer – Sorgen, Offenheit – Trauer, Kontrolle ausüben (Selbstkontrolle).*

Kummer und Sorgen finden wir in verschiedenen Aspekten: im Um-sich-selbst-Kümmern, im Kümmern um andere und anderes, im *Ver*kümmern wegen irgendwelcher Umstände, die nicht so sind, wie wir sie gerne hätten.

Kummer und Sorgen verleiten häufig dazu, überbesorgte Kontrolle auszuüben – und damit andere zu hemmen!

Zum Thema *Sorge* zitiere ich aus Goethes Faust (Teil 1, 644–651):

> »Die Sorge nistet gleich im tiefen Herzen,/Dort wirket sie geheime Schmerzen,/Unruhig wiegt sie sich und störet Lust und Ruh;/Sie deckt sich stets mit neuen Masken zu,/Sie mag als Haus und Hof, als Weib und Kind erscheinen,/Als Feuer, Wasser, Dolch und Gift;/Du bebst vor allem, was nicht trifft,/Und was du nie verlierst, das musst du stets beweinen.«

Zu viele Sorgen schwächen unseren Milz-Meridian.

Zur *Offenheit*: Bin ich für Dinge, die mir als »positiv« erscheinen, offen, lehne hingegen die »negativ« erscheinenden ab, dann ändere ich meine Offenheit ständig. Wenn ich ständig etwas ändere, muss ich es immer angleichen.

Bei der Offenheit ist dies falsch, denn: Selektive Offenheit ist keine Offenheit!

»Struktur der Offenheit« entwickeln heißt: Meine Offenheit wird nicht größer, wenn ich etwas »Positives« erfahre, sie wird nicht kleiner, wenn ich etwas »Negatives« erfahre.

Das macht Mut.

Im Rad der Fünf Elemente versorgt die Erde das Metall-Element: Ein Mensch, der seine Offenheit ständig erweitert – seinen Milz-Meridian stärkt –, wird fast unangreifbar.

Milz-Energie ist eine Yin-Energie, nicht bewegte Energie: Bewegen wir hier etwas, was eigentlich in Ruhe sein sollte, machen wir das Gegenteil des »Natürlichen«. Der Milz-Funktionskreis kann dann auch Körperfunktionen weniger gut ausüben: Wir fühlen uns schnell erschöpft, kraftlos etc.

Kontrolle ausüben als Qualität der Milz: In unserer Gesellschaft haben wir gern erst mal Kontrolle über andere. Das Wichtigere ist jedoch, Selbstkontrolle zu haben! Wer sich selbst in der Kontrolle hat, der gerät nicht außer Kontrolle.

Beim Milz-Meridian geht es um *Selbstkontrolle* und Offenheit für Neues.

Jeder Tag bringt neue Erfahrungen. Also kontrolliere ich mich selber und habe meine Offenheit so in der Balance, dass ich mir zumindest Sachen anhören kann, auch wenn sie mir nicht passen.

Zum Thema Sorge will ich nochmals hinlenken, weil es weniges gibt, das bei uns so verbreitet und zugleich so schädlich ist (Goethe, aus *Faust* [Teil 2, 11453-11486]):

»Sorge (zu Faust). Wen ich einmal mir besitze,/Dem ist alle Welt nichts nütze,/Ewiges Düstre steigt herunter,/Sonne geht nicht auf noch unter,/Bei vollkommnen äußern Sinnen/Wohnen Finsternisse drinnen,/Und er weiß von allen Schätzen/Sich nicht in Besitz zu setzen./Glück und Unglück wird zur Grille,/Er verhungert in der Fülle;/Sei es Wonne, sei es Plage,/Schiebt er's zu dem andern Tage,/Ist der Zukunft nur gewärtig,/und so wird er niemals fertig./ ... /Soll er gehen, soll er kommen?/Der Entschluss ist ihm genommen;/Auf gebahnten Weges Mitte/Wankt er tastend halbe Schritte./Er verliert sich immer tiefer,/Siehet alle Dinge schiefer,/Sich und andre lästig drückend,/Atem holend und erstickend;/Nicht erstickt und ohne Leben,/nicht verzweifelnd, nicht ergeben./So ein unaufhaltsam Rollen,/Schmerzlich Lassen, widrig Sollen,/Bald Befreien, bald Erdrücken,/Halber Schlaf und schlecht Erquicken/Heftet ihn an seine Stelle/Und bereitet ihn zur Hölle.«

Herz-Meridian

Element:	**Feuer**
Polarität:	**Yin**
Yang-Zeit:	**11.00–13.00 Uhr**
Balance-Zeit:	**12.00–13.00 Uhr**
Yin-Zeit:	**12.00–14.00 Uhr**
Jahreszeit:	**Sommer**
Tier:	**Pferd**
Qualitäten:	**Respekt, Liebe ohne Bedingungen**
Mudrawege:	**11, 12, 13**

Die spezifische Beschreibung der Meridiane

Figur 5, Herz-Meridian

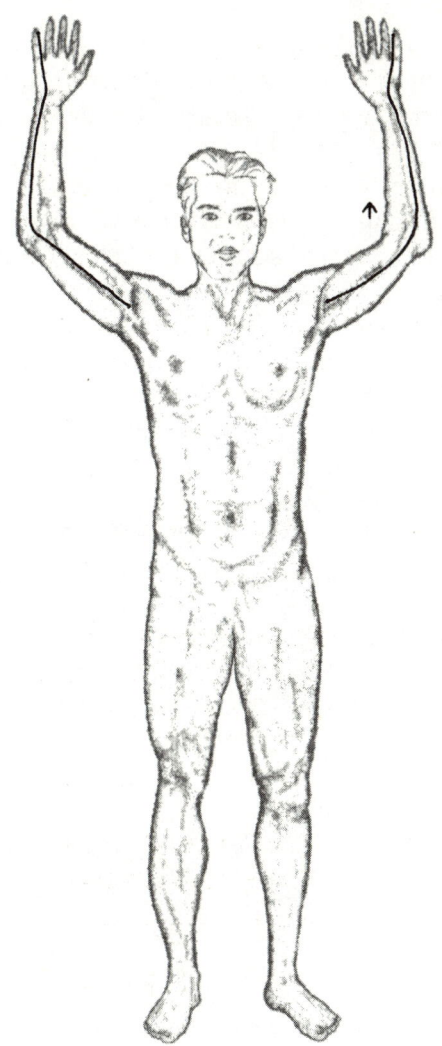

Anfang: Mitte der Achselhöhle
Verlauf: Arminnenseite, Ellenbeuge, Handgelenk
Ende: ringfingerseitiger Nagelfalz des kleinen Fingers

Der Herz-Meridian in der Organuhr

Das Herz nimmt allgemein eine besondere Stellung ein: In der Schulmedizin heißt es: »Herzfunktion, Herzfunktion, Herzfunktion.« In der energetischen Medizin: »Atmung, Atmung, Atmung.«

Tritt der körperliche Tod ein, dann haben wir zuerst einen Atemstillstand, dann erst den Herzstillstand. Extrasystolen, unrhythmischer Herzschlag oder Ähnliches sind ein Problem der Atmung.

Das Herz pumpt das Blut durch unser Gefäßsystem, und dieses mit Sauerstoff angereicherte Blut versorgt das Gehirn. Das Gehirn braucht in seiner Funktion eine bestimmte Menge Sauerstoff, sonst kann es zu Imbalancen im Gehirn kommen – bis hin zum Gehirnschlag.

Wenn jetzt die Löslichkeit des Sauerstoffs im Blut heruntergesetzt ist, muss das Herz – weil zu wenig Sauerstoff im Blut ist – mehr Blut pumpen. Das führt dann zum Anstieg von Blutdruck oder auch zum plötzlichen Abfall. Also zu Unregelmäßigkeiten im Blutdruck, sowie im Kreislaufsystem.

Mögliche Ursachen sind in der Imbalance der Nebennieren und falscher Ernährung mit Zucker, Milchprodukten etc. zu finden (siehe Milz-Meridian).

Qualitäten des Herz-Meridians sind *Respekt* und *Liebe ohne Bedingungen*.

Respekt ist in unserer Gesellschaft selten geworden. Wovor haben Kinder wie auch Erwachsene noch Respekt? Respekt beginnt bei jedem selbst und seinem Tun. Daraus entwickelt sich Respekt vor anderen und ihren Handlungen. Wer sich selbst nicht respektiert, kann andere auch nicht achten.

Respekt nach außen meint unsere Umwelt, egal, wie sie uns begegnet, ob als Nachbar, Partner, Untergebener, Kollege, Chef. Oder darin, wie ich mir selbst in der Umwelt begegne bzw. wie ich mich in der Umwelt verhalte.

Bin ich in der Lage, mich auch über die Leistung eines anderen zu freuen? Vermag ich Respekt vor der Arbeit oder der Leistung von anderen zu haben und das auch zu sagen?

Begegnet mir etwas, das mir nicht gefällt, meinem »Glaubenssystem« nicht entspricht, lebe ich diese Qualität des Herz-Meridians trotzdem – und gehe respektvoll mit dem um, was mir nicht passt.

Die Energie des Herzens drückt sich im Weiteren durch die respektvolle *Rede* aus. Genau genommen über unsere Rede- und Sprechgewohnheiten im Großen und Ganzen: Die taoistische Medizin kennt die Organ-Sinnesorgan-Verbindung. Das Herz steht in direkter Verbindung mit der Zunge. Wenn Menschen zu viel und zu schnell reden, geht die Herz-Energie immer wieder weg!

Das Herz wird in der Kinesiologie als »zweites Gehirn« bezeichnet – es hat ja auch zwei Hälften. Daraus leitet sich der Begriff »Herzintegration« ab: Neben der »Gehirnintegration« existiert die »Herzintegration«.

Reden wir zu viel, um beim obigen Beispiel zu bleiben, wird unser Herz energetisch gesehen desintegriert, das heißt: Nur noch eine Herzhälfte wird energetisiert.

Der Volksmund kennt den Begriff »halbherzig« – auch dies ist ein Aspekt des Zusammenhangs zwischen Herz, Zunge, Sprache und Sprachausdruck.

Respekt schafft eine Distanz. Respekt und Distanz sind eng miteinander verknüpft. Der Respekt schafft die Distanz, die es ermöglicht, sich nicht mit anderen Menschen zu verwickeln, ob wir sie mögen oder nicht.

Mit der Distanz (im Lungen-Meridian) können wir Menschen besser wahrnehmen. Wir selbst kapseln uns weniger ab oder können ihnen freundlicher begegnen. Wir urteilen und verurteilen dann nicht so rasch.

Um in Bezug oder Beziehung zu treten, müssen wir Distanz haben. Fehlt sie uns, dann können wir nicht in Beziehung treten und leben in Verhaftung.

Im Herzen haben wir Disziplin: Disziplin ist eine Struktur, die beim Herzen wohnt. Ein Leben ohne Disziplin ist ein Leben ohne Freude.

Der Begriff »Disziplin« ist in unserer Gesellschaft »negativ besetzt«. Kein Wunder, denn wir sind eine Gesellschaft, die Disziplin im Umgang mit Energie, im Umgang mit sich selbst und mit der Umwelt nicht hat!

Deswegen werden wir von außen diszipliniert. Wenn jemand anders für uns eine Struktur schafft, dann passt die nie für uns. Somit kommt es zu dieser »negativen« Disziplinierung.

Wenn ich zum Beispiel keine Steuererklärung abgebe, dann werde ich vom Finanzamt veranlagt, und das ist immer mehr, als ich zahlen würde, wenn ich rechtzeitig meine Steuererklärung abgäbe.

»Mir zuliebe könntest du doch mal ...«
Liebe ohne Bedingungen?
Solche Sätze bauen Herzenergie ab.

Liebe ohne Bedingungen heißt, etwas tun, ohne was dafür zurückbekommen zu wollen, ohne Erwartungshaltung.

Wir tun es einfach, weil wir es tun wollen, ohne das Ego zu vergrößern, ohne uns profilieren zu wollen.

Dünndarm-Meridian

Element:	**Feuer**
Polarität:	**Yang**
Yang-Zeit:	**13.00–15.00 Uhr**
Balance-Zeit:	**14.00–15.00 Uhr**
Yin-Zeit:	**14.00–16.00 Uhr**
Jahreszeit:	**Sommer**
Tier:	**Ziege**
Qualitäten:	**die Gleichheit in der Vielheit erkennen (Antenne zu Gott)**
Mudrawege:	**13, 14, 15**

Die spezifische Beschreibung der Meridiane

Figur 6, Dünndarm-Meridian

Anfang: äußerer Nagelfalz des kleinen Fingers
Verlauf: Handkante, Armrückseite, Schulterblatt, Nackenseite, Hals, Wange
Ende: bei geöffnetem Mund in der Vertiefung vor dem Ohr

Der Dünndarm-Meridian in der Organuhr

Zur Qualität *die Gleichheit in der Vielheit erkennen:* Am Morgen erhält M. von seiner Firma die Kündigung, auf der Fahrt nach Hause fährt er sein Auto zu Schrott, beim Heimkommen findet er die Wohnung verlassen vor, den Abschiedsbrief seiner Frau auf dem Tisch, als er Stunden später aus Kummer im Suff eine Zigarette liegen lässt, brennt die Wohnung ab.
»Was haben all diese Ereignisse gemeinsam?«
So können wir fragen, wenn wir den Dünndarm-Meridian in der Balance haben. An diesen »Unglücken« zu verzweifeln, würde nur tiefer ins Leiden führen. Worauf weisen sie mich hin? Habe ich etwas Wichtiges in meinem Leben übersehen?

Die Energie des Dünndarm-Meridians ist eine Antenne zu unserem Überbewusstsein!
Was Gott für jeden sein mag – das ewige Sein, die Überseele, der Ozean der Ruhe –: Gäbe es dorthin keine Verbindung, dann wären wir wirklich verloren.

Halte ich etwas für »negativ«, ärgere ich mich nicht zu sehr, halte ich etwas für »positiv«, freue ich mich nicht zu sehr.
Egal, ob es nun tatsächlich positiv oder negativ ist: Ich schaue mir an, was die Vorkommnisse alle gemeinsam haben, und bleibe im Gleichmaß.
Dieses Maß schafft bei mir eine Basis, auf der meine eigenen Emotionen keinen Stress auf mich ausüben können.
Zugleich werde ich freier von der Neigung, anderen und anderem meine eigenen Emotionen zu unterstellen.
Anders gesagt: Statt mich mit den Emotionen, die andere mir entgegenbringen, zu verwickeln, betrachte ich zuerst, werte nicht und – nehme wahr!

Die Gleichheit in der Vielheit erkennen bedeutet: die unterschiedlichen Herausforderungen des Lebens auf einen Nenner bringen können.
Von 13.00 bis 15.00 Uhr gilt es, uns selbst unter Kontrolle zu halten. Die Gleichheit in der Vielheit erkennen wir nur in Ruhe!

Die gelebte Qualität des Dünndarm-Meridians macht es möglich, einen Schritt zurückzugehen und die größere Situation zu sehen, statt in die eigene, kleinere »Situation des Augenblicks« hineinzustürzen.

Erkenne ich meine Situation als Detail in einem größeren Rahmen, finde ich leichter ähnliche Details und dadurch Gleichheit in der Vielfalt.

Durch Nichtverstricken in Einzelheiten bekomme ich die Möglichkeit, aus allem den größtmöglichen Nutzen zu ziehen.

Mit dem Begriff »Dünndarm« verknüpfen wir häufig Verdauung und/oder Ausscheidung. Energetisch gesehen ist der Dünndarm-Meridian die Yang-Energie, die die Yin-Energie des Herz-Meridians in Balance hält!

Blasen-Meridian

Element:	**Wasser**
Polarität:	**Yang**
Yang-Zeit:	**15.00–17.00 Uhr**
Balance-Zeit:	**16.00–17.00 Uhr**
Yin-Zeit:	**16.00–18.00 Uhr**
Jahreszeit:	**Winter**
Tier:	**Affe**
Qualitäten:	**Selbstorientierung, der Weg nach innen**
Mudrawege:	**15, 16, 17**

Die spezifische Beschreibung der Meridiane

Figur 7, Blasen-Meridian

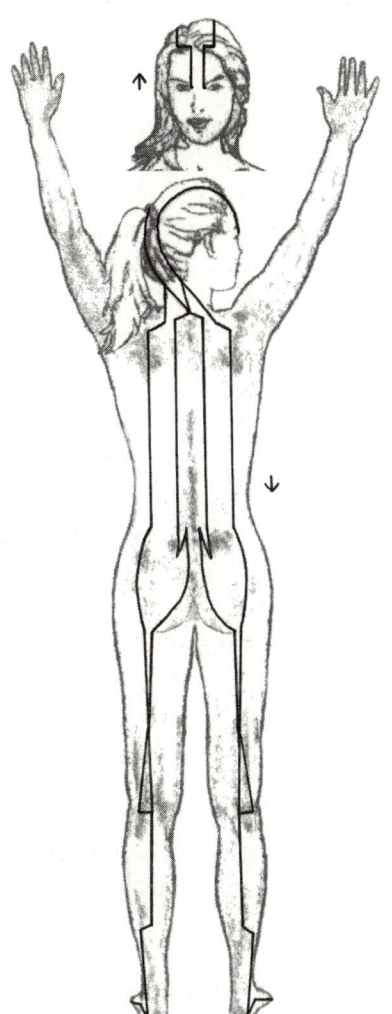

Anfang: Lidwinkel innen

Verlauf: Stirn, Kopf, Rücken (Doppelverlauf), Gesäß, Beinrückseite, Fußkante

Ende: äußerer Nagelfalz der kleinen Zehe

Der Blasen-Meridian in der Organuhr

Zur Qualität der *Selbstorientierung*: Selbstorientierung ist der Weg nach innen – ich orientiere mich selbst. Kann ich den Weg nach innen gehen, habe ich eine Orientierung, die ich dann – in besserer Erkenntnis – nach außen umsetzen kann.

Es nicht weiter verwunderlich, dass in unserer Bevölkerung Blasenschwächen bei Erwachsenen und älteren Personen dramatisch zunehmen. Unsere Gesellschaft wird doch offensichtlich immer orientierungsloser.

Selbstorientierung – der Weg nach innen!
Wie kann dieser Weg aussehen?

Einfach so: Am Ende eines Tages schaue ich zurück und betrachte die Ereignisse und frage mich:

»Was war lernenswert an dem Tag?« – Das kann ich annehmen.
»Was war weniger lernenswert?« – Das kann ich ablegen.

Mit dieser Übung finde ich in einer Klarheit zu mir, die mich in der Erkenntnisfähigkeit und in der Klarheit meines Lebens fördert.

Wenn wir das nicht tun, kann es sein, dass sich zu oft Dinge, die wir gar nicht wollen, in unserem Leben ständig wiederholen. Damit halten wir unser Wachstum selbst auf und machen alles und alle dafür verantwortlich.

Nach innen Klarheit, nach außen Stille!
Manchen fehlt die eigene Orientierung, gute Tipps für jedermann sind jedoch stets parat.

Kenne ich meine innere Richtung, brauche ich sie nur noch nach außen zu bringen und auf ein Ziel hin zu verlängern. »Ich weiß, wo ich stehe, und weiß, wo ich hinmuss«, heißt: Ich habe eine Ausrichtung und benutze »Wind und Wellen«, um zum Ziel zu kommen.

Klare Orientierung in sich wird in Asien geübt, zum Beispiel in der praktizierten Philosophie des Kampfsports Kyu-Do, dem »Weg des Bogenschießens«. Die Bogenschützen können mit verbundenen Augen das Ziel treffen, weil sie in ihrem Inneren eine so klare Orientierung entwickeln, dass sie die Kontrolle mit den Augen nicht mehr benötigen.

Das Ziel ist in ihnen.

Im Leben sind unsere Ziele beweglich und bewegt, unsere Orientierung gleicht sich immer an.

Selbstorientierung hat also kein festes Ziel, wir sollten immer wieder einmal nach innen gehen und unsere Ziele beleuchten. Lassen wir das allzu lange außer Acht, müssen wir mit Zielkonflikten rechnen.

Nieren-Meridian

Element:	**Wasser**
Polarität:	**Yin**
Yang-Zeit:	**17.00–19.00 Uhr**
Balance-Zeit:	**18.00–19.00 Uhr**
Yin-Zeit:	**18.00–20.00 Uhr**
Jahreszeit:	**Winter**
Tier:	**Hahn**
Qualitäten:	**Furcht – Befürchten, Angst – Urangst, Gewissen, Beziehungen (alle Formen), Sanftheit**
Mudrawege:	**17, 18, 19**

Figur 8, Nieren-Meridian

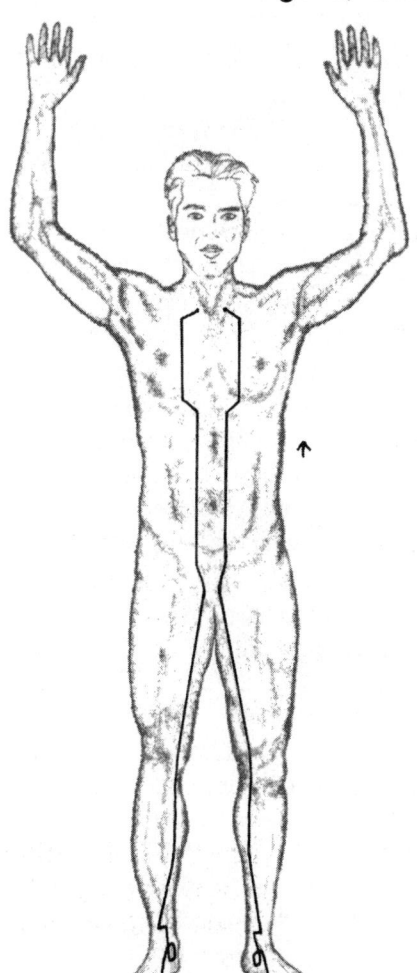

Anfang: Fußsohle, zwischen Groß- und Kleinzehenballen
Verlauf: Fußinnenseite, Beininnenseite, Hüfte, Bauch, Brust
Ende: unter den Schlüsselbeinhöckern

Der Nieren-Meridian in der Organuhr

Die Energie der Nieren spielt die größte Rolle, weil die Nieren unsere größte Kraft enthalten: die *Sanftheit*.

Im Taoismus heißt es: »Sanftheit ist die größte Stärke, Gewalt ist die größte Schwäche.«
Sanftheit wird in unserer Gesellschaft mit großen Schwierigkeiten gelebt. Das ist gut daran zu sehen, dass wir versuchen, in unserer Schwäche stark zu erscheinen!
Bei uns wird Sanftheit leicht mit Schwäche oder Weichlichkeit verwechselt. Doch sie ist die größte Stärke. Wer uns besiegen will, muss sanfter werden. Denn einen Sanften kann nur ein noch Sanfterer überwinden. Gewalt produziert nur immer wieder Gewalt.

Die Nieren sind Yin-Organe, angeborene, bleibende. Das Potenzial der Sanftheit ist in jedem da. Wir haben also verlernt, sanft zu sein! Die Sanftheit als Yin-Energie, nicht bewegte Energie, muss immer wieder erarbeitet werden. Wir können sie über Jahre aufbauen und ein Leben lang entwickeln!

Mit der Nieren-Energie hängen *Angst* und *Furcht* zusammen: Gemeint sind irrationale Befürchtungen, nicht zuzuordnende Ängste, Angst als universelle Urangst.
Uns ist irgendetwas unheimlich, etwas, das wir nicht deuten können.

Wir haben auch Angst im Lungen-Meridian, da ist es aber eine andere Angst – und zwar vor etwas Großem, vor einer Kraft oder Macht, die größer ist als wir selber und die wir nicht zuordnen können. So was wie Geistererscheinungen oder Erscheinungen generell, die uns Angst machen.
Im Nieren-Meridian ist es eine Angst, die eine »Weite« hat. Die von irgendwoher zu uns kommt. Das hat auch etwas mit Gewissen zu tun. Beziehungsängste fallen ebenso da hinein.

Furcht meint eine unbegründete, nicht näher definierbare Furcht. Dazu gehören auch »Befürchtungen« – meist für jemand anderen.

Befürchten ist wie »befeuchten«: Ist jemand feucht und der Wind weht, bekommt er eine Erkältung. Befürchte ich für jemanden etwas, nehme ich ihm die Energie. Wird jemandem die Energie genommen, kann immer etwas passieren – selten etwas Gutes oder Förderliches.

Die unspezifische Urangst vor einer höheren Instanz ist förderlich: Sie fordert mich auf, abzubauen, damit aufzuhören, dass ich etwas verursache. Dieses »Gewissen« ist spürbar, bevor ich in Aktion trete!

Die Energie des Nieren-Meridians hat mit jeder Form von *Beziehung* zu tun: Sei es die Beziehung zum Briefträger, zum Nachbarn, zum Partner, zu Gott.

»Das geht ihm an die Nieren«, heißt es im Volksmund sehr treffend, wenn jemand beispielsweise einen Partner verliert.

Kreislauf-Meridian

Element:	**Feuer**
Polarität:	**Yin**
Yang-Zeit:	**19.00–21.00 Uhr**
Balance-Zeit:	**20.00–21.00 Uhr**
Yin-Zeit:	**20.00–22.00 Uhr**
Jahreszeit:	**Sommer**
Tier:	**Hund**
Qualitäten:	**Selbstliebe, sich selbst vergeben**
Mudrawege:	**19, 20, 21**

Die spezifische Beschreibung der Meridiane

Figur 9, Kreislauf-Meridian

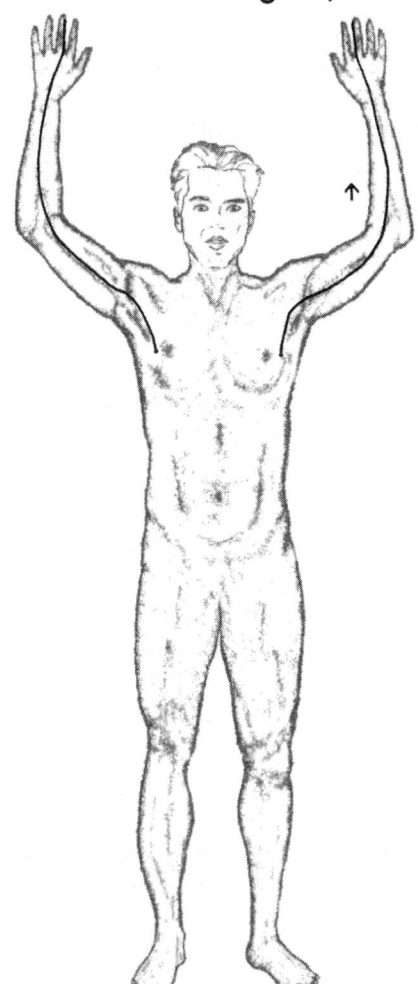

Anfang: seitlich neben der Brustwarze

Verlauf: Achsel, Arminnenseite, Ellenbeugefalte, Handgelenkmitte

Ende: zeigefingerseitiger Nagelfalz des Mittelfingers

Der Kreislauf-Meridian in der Organuhr

Zur Qualität *Selbstliebe, sich selbst vergeben*: Nur wenn ich mich selbst lieben kann, kann ich andere lieben!

Habe ich etwas getan, was nicht so toll war, sollte ich zur Einsicht kommen, aber mir auch vergeben, dass ich da Fehler gemacht habe.

Das Gegenteil wäre: »Ich bin so schlimm, ich schaffe das nicht, das bekomme ich nie hin.« Damit schwäche ich dramatisch die Energie meines gesamten Systems.

Machst du einen Fehler, sieh zu, dass es ein neuer ist!

In der Energie des Kreislaufs begegne ich mir selbst. Habe ich mich selbst, bin ich nie einsam, sondern alleine – »all-eins«.

Bin ich mir selbst genug, dann bin ich in guter Gesellschaft, in meiner Gesellschaft.

Das Gegenteil von »all-eins« sein ist einsam sein. Da ist der Kreislauf dann aus der Balance, denn einsame Menschen brauchen ja etwas, um sich von ihrer Einsamkeit abzubringen.

Beachten wir bitte: Es werden Dinge (Unterhaltungsindustrie, Essen – Kummerspeck etc.) und Menschen benutzt, um etwas auszufüllen. Ausgefüllt wird etwas, das der betreffende Mensch selbst auszufüllen oder zu entwickeln nicht gewillt ist.

Aufrichtigkeit vor uns selbst ist eine Bedingung dafür, in Zukunft etwas ändern zu können.

Wenn wir uns selbst nicht vergeben, können wir anderen auch nicht vergeben. Allzu leicht werden wir so ein Störfeld für unsere Umwelt und sind uns irgendwann sogar selbst im Weg.

Lerne aus den Fehlern der anderen. Du lebst nicht lange genug, um alle selbst zu machen.

Einen Mangel an Selbstliebe kann niemand ausgleichen! Sich selbst zu lieben, bedeutet, auch für andere liebenswert werden.

Selbstliebe leben: Es entwickelt sich ein Mitgefühl für andere Menschen, Situationen und Zustände.

Mir selbst zu vergeben, lässt mich alte Schuld als Teil meiner Entwicklung sehen. Es gibt keine Fehler, es fehlt nur noch etwas.

Sollte ich eines Tages bemerken, dass ich alles Mögliche mache, vor allem für andere, nur um bloß keine Sekunde Zeit für mich selbst zu finden, sollte ich eine Frage stellen: die Frage nach meiner Selbstliebe.

Dreifacher-Erwärmer-Meridian

Element:	**Feuer**
Polarität:	**Yang**
Yang-Zeit:	**21.00–23.00 Uhr**
Balance-Zeit:	**22.00–23.00 Uhr**
Yin-Zeit:	**22.00–24.00 Uhr**
Jahreszeit:	**Sommer**
Tier:	**Schwein**
Qualitäten:	**Balance innen und außen, universale Liebe**
Mudrawege:	**21, 22, 23**

Figur 10, Dreifacher-Erwärmer-Meridian

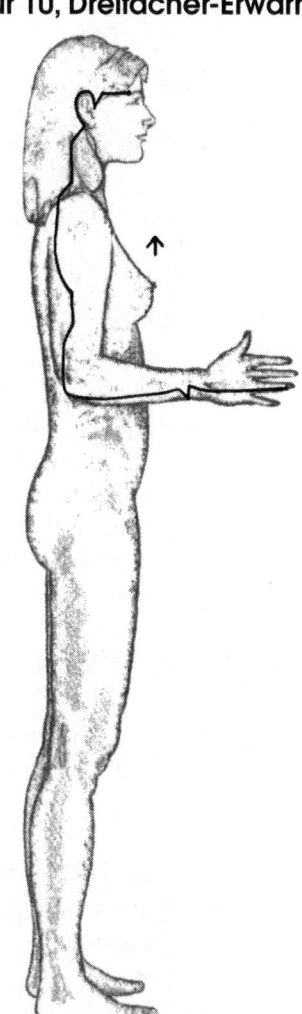

Anfang: kleinfingerseitiger Nagelfalz des Ringfingers
Verlauf: Handrücken, Armaußenseite, Schulter, Nacken, Hals, hinterm Ohr
Ende: Ende der Augenbraue außen

Der Dreifacher-Erwärmer-Meridian in der Organuhr

Der Dreifacher-Erwärmer-Meridian ist dem Feuer-Element zugeordnet und der einzige Yang-Meridian, der keine organische Entsprechung hat.
Er reguliert die Wärmezirkulation als Oberer, Mittlerer und Unterer Erwärmer.

Zu den Qualitäten *Balance von innen und außen, universale Liebe:*
Entwickle ich im Kreislauf-Meridian, im Yin, die Selbstliebe, soll sie mir nie verloren gehen; also entwickle ich im Yang die *universale Liebe*. Diese darf immer wieder wachsen und größer werden.
Ich werde so nicht kleinlich und pingelig in meiner Liebe, sondern sehe das größere Ganze.
Derart funktioniert die *Balance von innen und außen*.
Bekommt eine Seite ein Übergewicht, dann kippt die Balance. Wenn wir uns selbst vergeben können – Qualität des Kreislauf-Meridians –, können wir leichter unsere Balance im Inneren wie im Äußeren halten.
Das heißt nicht, dass wir keine Imbalance mehr leben und nur noch die Gelassenheit oder der »ruhende Pol« in Person sind. Gemeint ist: Wir können mit allem, was uns begegnet, in mehr Gemessenheit umgehen. Damit geben wir Energie nicht für etwas her, das wir sowieso nicht wollen, sondern behalten sie.
So ist das nun mal im Leben – wir wachsen. Wir können unser Wachstum nicht aufhalten. Pflanzen tun es natürlich auch nicht.
Uns werden im Leben immer wieder Situationen präsentiert, immer wieder dieselben, bis wir »die Botschaft« begriffen haben und etwas ändern.

Balance innen und außen heißt: beziehungsfähig und aufrichtig in uns selbst werden und dann erst Erfahrungen nach außen bringen.

Durch eine zu starke Orientierung nach außen fehlt es oft im Inneren. Um in der Balance zu bleiben, müssten wir generell gesehen innen genauso aktiv sein wie außen.

»Machen« wir außen sehr viel, vertrocknet innen etwas. Zyklisch gesehen: Wird das Feuer-Element zu groß, fällt dem Wasser-Element die Kontrolle immer schwerer. Die Sanftheit, unsere größte Stärke, gerät damit immer mehr ins Hintertreffen. Es kommt zu Orientierungslosigkeit (Blasen-Meridian), zu Unwillen und Konfusion.

Gallenblasen-Meridian

Element:	Holz
Polarität:	Yang
Yang-Zeit:	23.00–1.00 Uhr
Balance-Zeit:	24.00–1.00 Uhr
Yin-Zeit:	24.00–2.00 Uhr
Jahreszeit:	Frühling
Tier:	Ratte
Qualitäten:	Entscheidungskraft, Zielstrebigkeit
Mudrawege:	23, 24, 1

Figur 11, Gallenblasen-Meridian

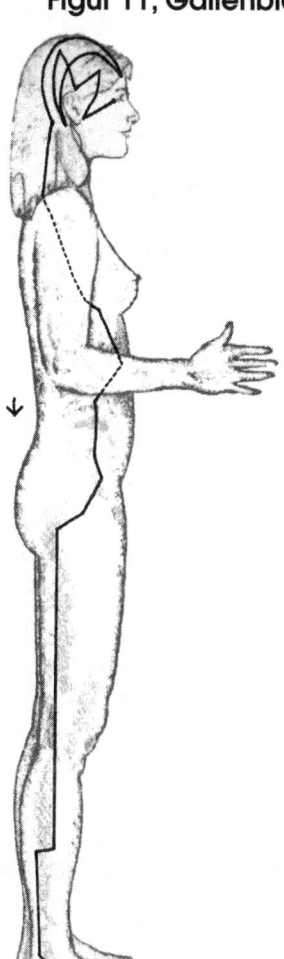

Anfang: außen neben dem Augenlid

Verlauf: Wange, Kopf, Halsseite, Schulter, Körperseite, Beinaußenseite

Ende: kleinzehenseitiger Nagelfalz der vierten Zehe (»Ringzehe«)

Der Gallenblasen-Meridian in der Organuhr

Zu den Qualitäten *Entscheidungskraft, Zielstrebigkeit*: In unserer Zeit fallen uns oft Entscheidungen schwer. Ist dann endlich der Entschluss gefallen, nähern sich im Losgehen bereits Zweifel: »Ist es denn wirklich das richtige Ziel? Muss ich das jetzt haben?«

Das Bessere wäre: »Wenn ich schon Zeit aufwende, um mich für etwas zu entscheiden, dann mache ich meine Entscheidung wirklich klar!« Ich verfolge das Ziel, strebe ihm zu und führe es durch.

Wenn ich Dinge zu Ende bringe, mache ich eine Erfahrung. Rückblickend kann ich dann sagen: »Es war richtig, gut so.« Oder: »Oje, da lag ich aber daneben!« So korrigiere ich meine nächste Entscheidung in einem ähnlichen Fall. Übe ich dies immer wieder, werden meine Entscheidungen immer weniger falsch!

Es ist nicht schlecht, Fehler zu machen; es ist aber schlecht, aus Fehlern nicht zu lernen. Gemäß der alten Weisheit: »Machst du einen Fehler, sieh zu, dass es ein neuer ist.«

Was wirklich richtig, falsch, gut oder schlecht ist, kann eigentlich immer erst hinterher beurteilt werden, wenn die Dinge schon geschehen sind!

Diese Betrachtung im Nachhinein ist wichtig: Sie lehrt mich, für die Zukunft vorsichtiger und klarer zu entscheiden. Damit verursache ich weniger, was ich später wieder zurücknehmen müsste.

Indem ich diese Betrachtungen auf viele meiner Lebensbereiche anwende, fördere ich generell meine Zielstrebigkeit. Anders gesagt: Ich gewinne mehr Sicherheit im Umgang mit meinen Zielen.

Die Aktivitätszeit von 23.00 bis 1.00 Uhr spielt hier eine besondere Rolle:

Die spezifische Beschreibung der Meridiane

Wenn wir in dieser Zeit ruhig in den Schlaf sinken, können wir in unserem Tagesbewusstsein klare Entscheidungskraft leben. Sitzen wir spätnachts in fröhlicher Runde in Kneipen und bei netten Festen, fällt es uns bekanntermaßen oft schwer, sich am nächsten Morgen für das zeitgerechte Aufstehen zu entscheiden!

Bin ich nicht entscheidungsfreudig, entscheiden andere für mich! Wenn andere für mich entscheiden, mag dies ja manchmal angenehm sein, besonders wenn ich selbst in einer »schwachen Situation« bin.

Die »andere Seite der Medaille« ist aber die, dass die Entscheidung dann für mich sehr oft nicht stimmt.

Entscheidungskraft haben heißt: Ich kann mich mit aller Sanftheit und Nachdruck entscheiden. Abwägen und Klarheit erfordern Kreativität und Flexibilität, und das in der gegebenen Zeit! Durch das Aufschieben von Entscheidungen entsteht Druck, und die Gefahr zum falschen Entscheiden wächst. Die Auswirkungen können mir jahrelang anhaften.

Leber-Meridian

Element:	**Holz**
Polarität:	**Yin**
Yang-Zeit:	**1.00–3.00 Uhr**
Balance-Zeit:	**2.00–3.00 Uhr**
Yin-Zeit:	**2.00–4.00 Uhr**
Jahreszeit:	**Frühling**
Tier:	**Büffel**
Qualitäten:	**Wachstum, Erneuerung, Flexibilität**
Mudrawege:	**1, 2, 3**

Die spezifische Beschreibung der Meridiane

Figur 12, Leber-Meridian

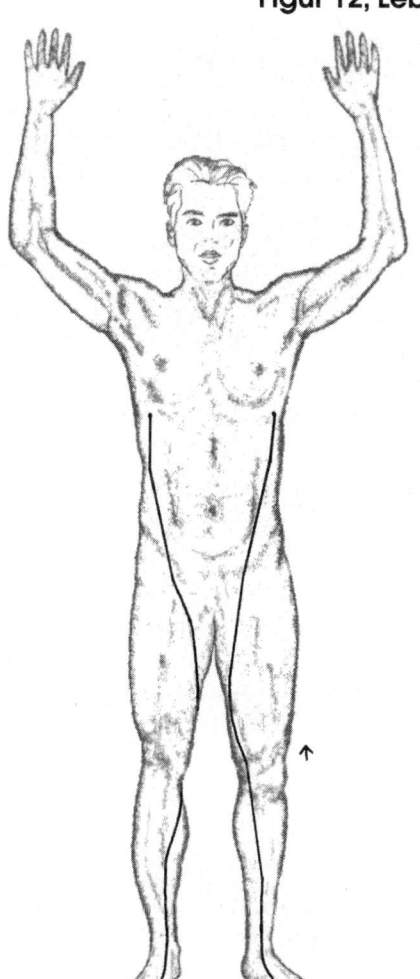

Anfang: äußerer Nagelfalz der großen Zehe
(zur zweiten Zehe hin)
Verlauf: Fuß, Beininnenseite, Hüfte, Brustkorb
Ende: Körperseite (sechster Zwischenrippenraum)

Der Leber-Meridian in der Organuhr

Zu den Qualitäten *Wachstum, Erneuerung, Flexibilität*: Durch Wachstum entsteht Erneuerung. Halte ich mein Wachstum nicht auf, dann habe ich Flexibilität. Flexibilität und Wachstum sollten gleichermaßen gefördert werden: Wachstum führt zur Erkenntnis, diese zur Erneuerung.

Wie uns die Weisen lehren, beginnt die Flexibilität in unserem »emotionalen Denken«! Wenn unser emotionales Denken »verknöchert«, nimmt damit auch Inflexibilität im Körper zu.

Laufen uns »Läuse über die Leber«, dann ärgern wir uns zwar, doch was nützt das unserem Wachstum?

Die Leber entgiftet nachts und damit findet auch eine Erneuerung in Teilen unserer Energie statt. Diese Entgiftung bezieht sich nicht nur auf das Organ, sondern ebenso auf unsere Emotionen, Gefühle und Erfahrungen!

Diesem Aspekt folgend, finden wir den Leber-Meridian generell zuständig für das Wohlbefinden. Aber bitte *nicht* nach dem Motto: »Wenn's mir schlecht geht, ärgere ich mich über die, denen es gut geht. Also mache ich alles, damit's denen schlechter geht. Dann geht's mir wieder gut.«

Gerät unsere Leber-Energie aus der Balance, kann das bedeuten: Wir wachsen nicht, es vollzieht sich keine Erneuerung, damit ergibt sich keine Veränderung.

Was bleibt, wie es ist, stagniert!

Wir sollten nie sagen: »Es hat halt so sein sollen.« Schlägt etwas fehl, muss ich mich fragen: »Warum?« Ersteres ist eine Aussage, die auf eine Imbalance des Leber-Meridians schließen lässt.

Flexibilität hängt damit direkt zusammen.

Blicken Sie in die Zukunft, erahnen sie den Prozess Ihres Reifens und Alterns, dann kommt Ihnen vielleicht der gängige Satz in den Sinn: »Wir werden ja nicht jünger.« Was darin weiterschwingt, könnte sein: »... sondern älter, steifer, schwächer, unbeweglicher«.

Dies ist kein Naturgesetz!

Denken Sie mit mir wieder zyklisch: Solange wir leben, können wir uns wandeln, flexibel bleiben und uns erneuern. Denn die Organuhr kennt kein Altern, sondern Reifung.

Holz ist flexibel, doch fest. Ist da ein Hindernis in der Erde, wächst es um das Hindernis herum, immer nach oben, der Sonne zu.

Zentral-Meridian

Der Zentral-Meridian ist den Yin-Energien zugeordnet. Tagsüber, wo wir uns selbst bewegen, steuert der Zentral-Meridian die Tag-Meridiane (siehe auch Kapitel »Die Steuermeridiane für Tag und Nacht«, Seite 182)

Dieser Meridian läuft auch unter den Begriffen »Leitbahn des Empfängnisses« oder »Diener«-Gefäß.

»Infolge der enormen Verschränkung und Vernetzung zu allen Yin-Funktionskreisen hat sie [diese Leitbahn] einen sehr mächtigen Einfluss.« (aus Binder, S. 111).

Die spezifische Beschreibung der Meridiane

Figur 13, Zentral-Meridian

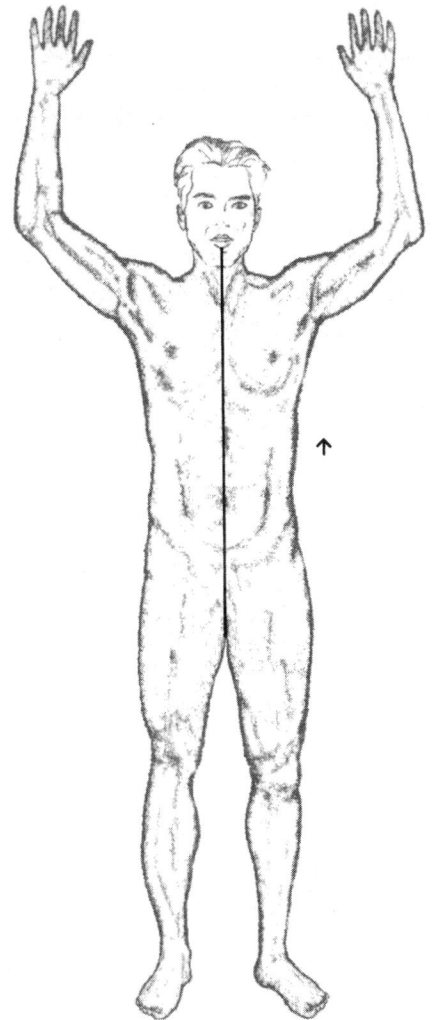

Anfang: Mitte des Perineums (Dammmitte)
Verlauf: Genitalien, Nabel, Körpermittellinie, Brustbein, Halsmitte, Kinn
Ende: unter der Unterlippe

Gouverneurs-Meridian

Der Zentral- und der Gouverneurs-Meridian sind Steuer-Meridiane: Nachts, wenn wir bewegt werden müssen, steuert der Gouverneurs-Meridian die Nacht-Meridiane (siehe auch Seite 182).

Dieser Meridian läuft auch unter den Begriffen »Regenten«- oder »Lenker«- Gefäß.

Bildlich: Der Lenker sitzt hinten! Wie auf den Pferdedroschken im alten England oder auf Kampfelefanten: vorne der Feldherr, in der Mitte der König, hinten der Lenker.

Es besteht eine enge Beziehung zu allen Yang-Funktionskreisen. Der Gouverneurs-Meridian gilt deshalb als Schrittmacher und Regulator des aktiven Chi.

Die spezifische Beschreibung der Meridiane

Figur 14, Gouverneurs-Meridian

Anfang: am Perineum (Damm)
Verlauf: Steißbein, Wirbelsäule, Nacken, Kopfmitte, Nasenrücken
Ende: über der Oberlippe

Kommentar zur Abbildung rechts

Das gegenüberliegende Bild erleichtert uns das Auffinden der Meridiane.

Wenn wir eine Selbstdiagnose durchführen, brauchen wir praktisch nur die betroffene Körperzone nach den Kriterien auf dem Bild zu lokalisieren: Hände, Kopf, Brust, Beine/Füße.

Blicken wir dann nach rechts hinüber, finden wir auf gleicher Höhe, welche Meridiane durch diese Zone verlaufen.

Anschließend können wir spezifisch nach dem Meridian schauen, der am wahrscheinlichsten betroffen ist: die *Uhrzeiten* sind hierzu ein hilfreiches Indiz.

Haben wir den Meridian lokalisiert, führen wir den entsprechenden Mudraweg zur Balance durch.

Wir können zeitlich genau erkennen, wo der Meridian verläuft, wo er anfängt und wo er endet.

Bildlich gesehen ist es noch wichtig zu wissen, dass dort, wo der Meridian in der Leber endet (3.00 Uhr), eine gedankliche Linie gezogen werden kann, auf wiederum 3.00 Uhr – und da beginnt der Lungen-Meridian.

Dadurch wird klarer, wie unsere Meridiane ineinander übergehen, ohne Anfang und ohne Ende, als geschlossenes System.

Die spezifische Beschreibung der Meridiane

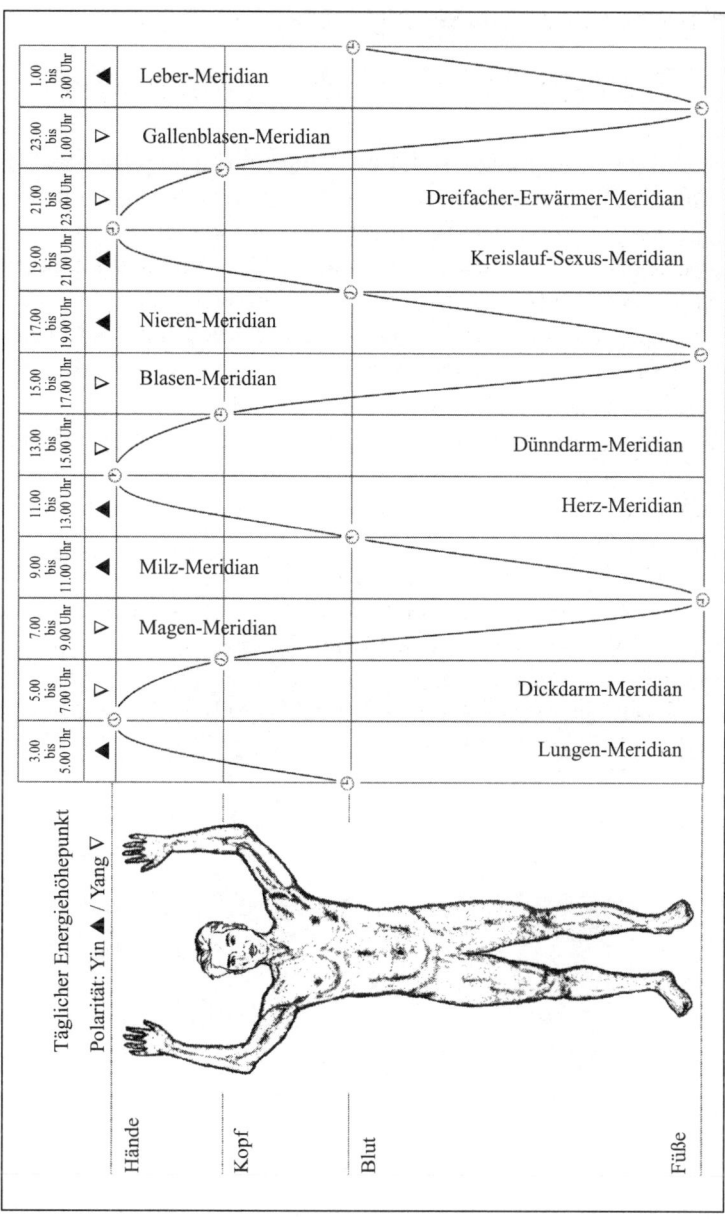

Die Organuhr und die Tiere aus der chinesischen Astrologie

Im antiken China, später in Japan, kannte man den Tag mit zwölf Stunden, den Doppelstunden. Man benannte diese Doppelstunden nach den Tieren der chinesischen Astrologie.

In Venedig existiert seit Jahrhunderten am Rialto (am Marktplatz) eine 24-Stunden-Uhr!

Im Vergleich mit unserer Zwölf-Stunden-Uhr ist man in der Stellung 3.00 Uhr, für uns 6.00 Uhr, aufgestanden. In der Stellung 6.00 Uhr, für uns mittags um 12.00 Uhr, war es Mittag. In der 9.00-Uhr-Stellung, für uns 18.00 Uhr, war Feierabend. In der 11.00-Uhr-Stellung ging man schlafen, um in der 3.00-Uhr-Stellung wieder aufzustehen.

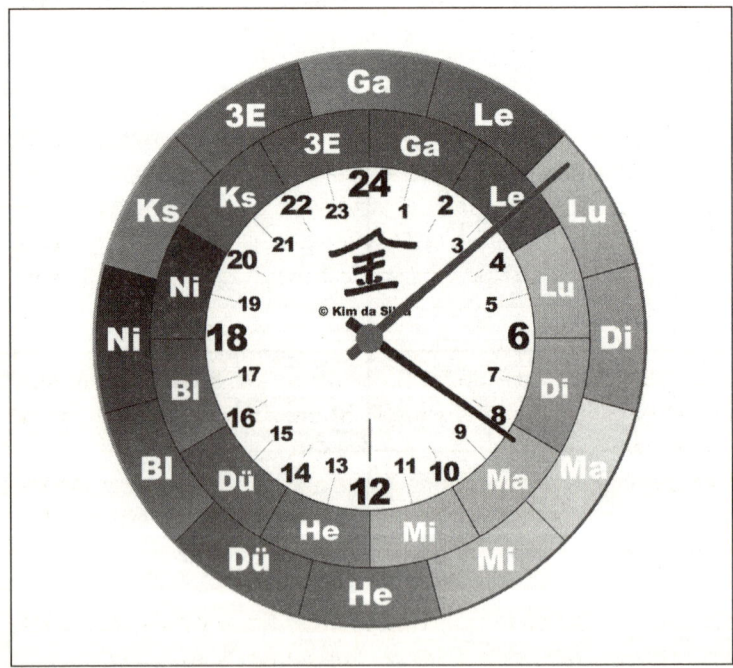

Der Tag begann mit der ersten Stunde, das war die Stunde der Hasen von 5.00 bis 7.00 Uhr, gefolgt von der Stunde des Drachens von 7.00 bis 9.00 Uhr.
Diese beiden Doppelstunden sind 4 Stunden *Yang*.

Von 9.00 bis 11.00 Uhr dauert die Stunde der Schlange, von 11.00 bis 13.00 Uhr die Stunde des Pferdes.
Diese beiden Doppelstunden sind *Yin*.

Dann geht es weiter mit den Doppelstunden von 13.00 bis 15.00 Uhr, der Stunde der Ziege, und von 15.00 bis 17.00 Uhr, der Stunde des Affen.
Diese beiden Doppelstunden sind dann wieder *Yang*.

Dann kommt der verdiente Feierabend, die Stunde des Hahnes, von 17.00 bis 19.00 Uhr, und die Stunde des Hundes von 19.00 bis 21.00 Uhr.
Das sind dann wieder *Yin*-Stunden.

Von 21.00 bis 23.00 Uhr dauert die Stunde des Schweins, und von 23.00 bis 1.00 Uhr ist die Stunde der Ratte.
Diese beiden Doppelstunden sind dann *Yang*.
Wir sollten um 23.00 Uhr schlafen gehen, noch im Yang. Damit die autonomen Bewegungsreflexe wirksam werden können, unterstützt uns hier noch die äußere Yang-Energie.

Dann gehen wir von 1.00 bis 3.00 Uhr in die Stunde des Büffels und von 3.00 bis 5.00 Uhr in die Stunde des Tigers und haben 4 Stunden *Yin*.
In dieser Phase muss der Körper alle Bewegungen autonom übernehmen, sonst hat unser Schlaf wenig Wirkung auf die Regeneration.

Der gesamte Stundenverlauf zeigt, dass den Doppelstunden des Yin exakt ein Yang gegenübersteht und umgekehrt!

Die Organuhr

Wir sehen also, wie sinnreich, wie sinnvoll diese Energien in ihrer Polarität sich immer wieder ergänzen. Und wie wenig sinnvoll *wir* in unserem Leben diese Polaritäten ergänzen.

Je häufiger wir uns mit verschiedenen Zyklen beschäftigen, wie in diesem Buch, desto nahe liegender erscheint das Denken in Polaritätsgesetzmäßigkeiten.

- Erkennen wir etwas, das »Yang« ist, dann wissen wir: Da muss ein »Yin« hin.
- Erkennen wir ein »Yin«, dann muss ein »Yang« hin.

Das kann und muss zu einer Philosophie führen:

- Erkenne ich etwas, was mir »negativ« erscheint, kann ich sagen: Ich sehe im Moment nur einen negativen *Aspekt*. Wo ist das Positive daran?
- Erachte ich etwas als »positiv«, sehe ich den positiven Aspekt – wo ist das Negative daran?

Denn das Positive ist von dem Negativen, das Negative vom Positiven nicht zu trennen. Yin und Yang sind immer eine Einheit. Sie treten stets gemeinsam auf, in gleicher Größe. Im Tai-Chi-Symbol lässt sich das gut erkennen (siehe Seite 19).

Zurück zu unserer Uhr mit den chinesischen Tierkreiszeichen: Wie kann man sich so etwas merken?

Ich empfehle eine Bilderkette wie diese: Man merkt sich die letzte Stunde der Nacht, den Tiger, und die erste Stunde des Tages, den Hasen. Dann kommen schlangenähnliche Tiere: zuerst das große, der Drache, dann das kleine, die Schlange.

Dann kommen vier Tiere – es beginnt mit dem größten und wird immer kleiner: Pferd, Ziege, Affe, Hahn.

Der Hund jagt das Schwein, die kleine Ratte den großen Büffel.

Als Ende der Nacht kommt wieder der Tiger, als Beginn des Tages der Hase.

Dieser Zyklus ist nicht nur am Tag wirksam, sondern auch im Jahr und alle zwölf Jahre. So kommt es, dass wir jetzt, im Jahr 2000, im »Jahr des Drachen« leben und ab etwa Mitte Februar 2001 im »Jahr der Schlange«. Mitte Februar 2002 gehen wir ins »Jahr des Pferdes« usw.

Auch hier gibt es so etwas wie Aszendenten und Unterstützungen durch Geburtsmonat und Geburtsstunde.

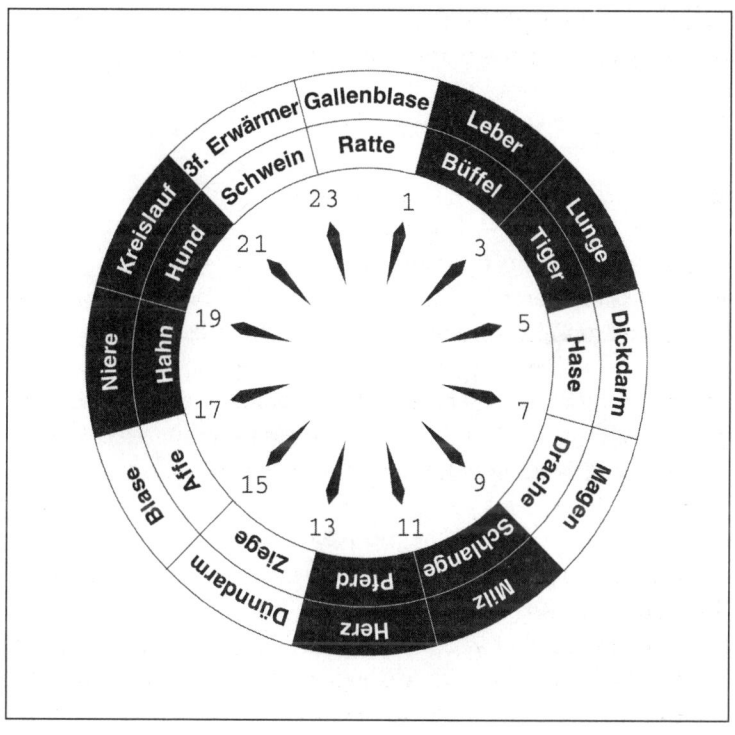

Der Motor der Organuhr

Der Motor unserer inneren Uhr ist generell die *Atmung*! Ich verweise hierzu auf die Ausführungen zum Metall-Element (siehe Seite 20f.) und zum Lungen-Meridian in der Organuhr (siehe Seite 49ff.).

Die Atmung betrifft verschiedene Atemzentren im Körper. Vor allem anderen wird die *Ionisation* angeregt und zweitens der *Atemreflex* unterstützt.

Zur Ionisation

Die Priorität der Einatmung sollte alle zwanzig Minuten von einem Nasenloch zum anderen wechseln. Die Beschreibung der Ionisation kommt ursprünglich aus der ayurvedischen Medizin.

Wer Hatha-Yoga praktiziert, kennt die Pranayama-Atmung, wo mittels einer speziellen Übung das wechselseitige Einatmen durch die beiden Nasenlöcher geübt wird. Dieser Wechsel der Priorität der Einatmung muss harmonisch sein:

- Wenn die Priorität auf dem linken Nasenloch liegt, geht ein positiver Ionenstrom von der Nase über den Schädel und auf der linken Seite über die Wirbelsäule nach unten.
- Wenn die Priorität auf dem rechten Nasenloch liegt, geht ein negativer Ionenstrom über Nase und Schädel auf der rechten Seite über die Wirbelsäule nach unten.

Stimmt dieser Wechsel über längere Zeit nicht, dann ist er der Auslöser für die vielfältigsten funktionellen Störungen: nämlich alle jene kleinen Zipperlein, für die die Schulmedizin in der Regel weder eine genaue Erklärung hat noch Medizin oder Mittel zur dauernden Heilung bereitstellen kann.

Dieser Wechsel in der Priorität der Einatmung nährt die Nadis – ein indischer Begriff, sinngemäß übersetzt mit »Röhren«. Dadurch werden unsere höheren Energiezentren und unser Akupunktursystem genährt und unterstützt.

Die Ionisation ist ein so feines System, dass es gerade durch diese Feinheit viele Energiesysteme beeinflussen und durchdringen kann. Zum andern ist es auch die Voraussetzung für eine gut funktionierende Organuhr und eine stabile Gesundheit.

Vielleicht haben Sie schon einmal festgestellt, dass beim morgendlichen Aufwachen ein Nasenloch wie verstopft und das andere völlig frei ist. Nach einer bestimmten Zeit – wie durch Zauberhand, oft merken wir es gar nicht – wechselt das. Das Nasenloch, das vorher frei war, ist jetzt verstopft, und das andere ist dafür frei. Durch eine derartige Beobachtung lässt sich Ionisation direkt erfahren.

Zum Atemreflex

Der Atemreflex ist die Koordination von Knochen, Muskeln und Sehnen zur natürlichen Aufnahme der Atmung.

Es ist oft so, dass wir gegen den Körper atmen müssen, weil wir das nötige Atemvolumen, das der Körper benötigt, nicht aufbringen können. Die Zwischenrippenräume (Interkostalräume) und die Interkostalmuskeln sind bei vielen Menschen nicht so gut beweglich, wie sie sein sollten.

Der Atemvorgang ist ein komplexer Vorgang, der den ganzen Körper betrifft. Es ist viel mehr, als »mal eben« kurz ein- und auszuatmen.

Beide Systeme, Ionisation wie Atemreflex, sind unerlässlich und Voraussetzung für die Balance der Organuhr.

Übungen und Mudras

Will ich im Inneren des Körpers Energien bewegen, geschieht das am besten im Äußeren – mit *motorischen Übungen*, Bewegung im Yang! Denn:

Bewege ich im Außen etwas, dann schweigt das Innere.
Bewege ich im Inneren etwas, dann schweigt das Äußere.
Yang-Bewegung heißt die äußere, Yin-Bewegung die innere.
Im Yang werden Energien mobilisiert, die dann im Yin transferiert werden.

Wie hängt das, was mir im Inneren passiert, mit dem, was mir im Äußeren begegnet, zusammen?

Die *Mudrawege* sollen dazu anregen, über sich selbst nachzudenken. Mehr von sich kennen zu lernen und zu wissen, ermöglicht es, Imbalancen schon im Vorfeld zu begegnen.

Die Wirkungsebene der *Mudras* ist abhängig von der Individualität des »Patienten« (englisch *patient* = »geduldig«): Der kranke Mensch sollte zur »Ruhe in der Geduld« finden, um die oben beschriebene Yin-Bewegung umzusetzen.

Die Körperenergie sollte einen balancierten Zustand, eine Basis erreichen, auf der sich aufbauen lässt. Die *Geduld* und die so gewonnene Erkenntnis bringt letztlich die Selbstheilung: aus dem eigenen Inneren heraus.

Denn alles von außen Kommende bedarf erst einmal der Verdauung!
Alles, was der Verdauung bedarf, nimmt uns Luft und Atmung.
Alles, was uns die Atmung nimmt, fördert die Stockung der Energie.

In der Arbeit mit den Mudrawegen schalten sich spezifische Energien im Körper ein. Unser Körper weiß in seiner Intelligenz bei jedem individuell, wo diese Energie gerade gebraucht wird, und führt sie dorthin.

Die beschriebenen Mudrawege sind geschlechtsunabhängig: Ob wir ein weibliches oder männliches Erscheinungsbild haben – Yin und Yang muss bei Frauen und bei Männern in der Balance sein, um Gesundheit zu leben.

Für das Halten von Mudras gilt generell:

- Gewalt ist die größte Schwäche,
- Sanftheit ist die größte Stärke.

Heftiges Pressen der Finger macht Mudras nicht wirkungsvoller – im Gegenteil: Mudras werden *sanft* gehalten.

Die motorischen Übungen

Armekreisen

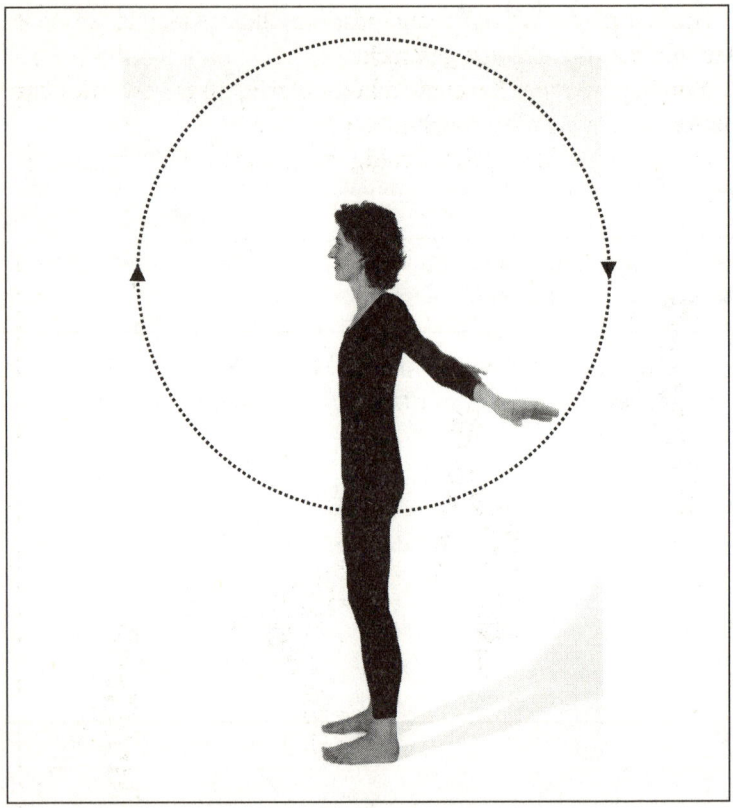

Locker stehen, die Füße sind hüftbreit auseinander und gerade nach vorne gerichtet.

Kreisen Sie beide Arme gleichzeitig mit gestreckten Ellbogen nach hinten. Ihre Armmuskulatur soll gespannt sein, aber nicht verkrampft.

Den Atem fließen lassen.

Becken-Achten

Sie stehen über dem Körperschwerpunkt, die Füße sind hüftbreit auseinander und gerade nach vorne gerichtet, die Knie leicht gebeugt.

Die Arme werden mit ineinander verhakten Daumen so weit wie möglich nach hinten gestreckt.

Nun beschreiben Sie eine Achterschleife, indem sie mit dem Becken nach vorne und nach hinten kreisen.

Der Kopf bleibt möglichst ruhig und gerade nach vorn gerichtet.

Augenübungskombination (AÜK)
Eine Kombination von sechs Teilübungen

Sie stehen aufrecht, die Knie sind locker, die Füße hüftbreit auseinander und gerade nach vorne gerichtet.

Sie atmen ein und beugen mit dem Ausatmen den Kopf sanft, aber bestimmt in die jeweilige Dehnstellung (① bis ⑤).

Mit dem Einatmen bewegen Sie den Kopf zurück in die Ausgangsposition (①).

Zuletzt *kreisen* Sie den Kopf *langsam* je dreimal in jede Richtung.

Gesamter Ablauf:
- dreimal hintereinander nach vorn (②),
- dreimal hinten (③),
- dreimal nach links kippen (④),
- dreimal nach rechts kippen(⑤),
- dreimal im Uhrzeigersinn kreisen,
- dreimal gegen den Uhrzeigersinn kreisen.

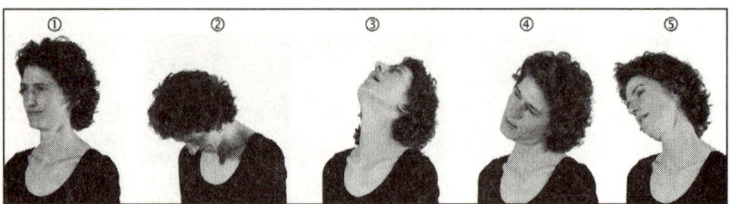

Der ganze Vorgang wird insgesamt dreimal ausgeführt. Die *Augen* bleiben während der gesamten Übungszeit *offen*!

Der Umgang mit den Übungen

Wir haben vielfältige Möglichkeiten, die Übungen anzuwenden: Generell gilt, dass zuerst die drei motorischen Grundübungen geturnt werden sollten, um damit durch die Bewegung des physischen Körpers die Energie anzuregen (Yang-Bewegung). Die durch die Übungsfolgen angeregte Energie wird mit den Mudras weiterbewegt (Yin-Bewegung).

Als sinnvoll hat sich folgende Kombination erwiesen:

1. Armekreisen .... 60-mal.
2. Becken-Achten .... 25-mal.
3. Augenübungskombination (AÜK) ..... 3-mal.

Dieses kleine energetische »Fitnessprogramm« wird zweimal täglich geübt. Der Mindestabstand zwischen den beiden Serien beträgt 30 Minuten.

Die Wirkungen der drei motorischen Übungen

Generell ist die Absicht der hier beschriebenen motorischen Übungen der Aufbau eines Energiepotenzials. Den Mudras obliegt dann die Aufgabe, diese Energie im Körper dorthin zu bringen, wo sie gebraucht wird. Die Übungen schaffen erst einmal »frei bewegliche Energie«. Zugleich bewirken die motorischen Übungen eine energetische Balance.

- *Die Wirkungen des Armekreisens*: Diese Übung fördert vor allem die Atmung. Die Koordination der Arme in der gleichzeitig-rhythmischen Bewegung erfordert Gehirnintegration, also die Koordination der beiden Hirnhälften. Darüber hinaus fördert das Armekreisen die Integration unserer beiden Herzhälften.

- *Die Wirkungen der Becken-Achten*: Die Becken-Achten aktivieren Atmung und Herzintegration. Durch die Unterstützung des Immunsystems fördern sie die Regenerationsfähigkeit und die Verdauung. Mit dem Begriff »Verdauung« ist auch die emotionale »Verdauung« gemeint.

- *Die Wirkungen der AÜK*: Generell bewirkt die AÜK eine Lockerung des Schultergürtels und verbessert den freien Fluss der Rückenmarksflüssigkeit. Damit verbessert sich unsere Denk- und Merkfähigkeit. Generell aktiviert die AÜK unsere Atmung, speziell die Schädelatmung. Die Lockerung der Hals-, Nacken- und Schultermuskulatur hat einen entspannenden Effekt auf die Funktion unserer Augen.

Wie wirken die Übungen und in welcher Zeit?

Wenn wir anfangen, die motorischen Übungen auszuführen, entsteht sofort Energie in unserem Körper, und es balanciert sich etwas. Da wir mit unserem Körper ständig verbunden sind, kann es sein, dass wir sofort etwas merken. Ebenso gut kann sich jeden Tag etwas balancieren, so »normal und natürlich«, dass wir selbst gar nicht feststellen, dass sich etwas geändert hat.

Generell sollten wir keine Wunder erwarten, sondern eher eine schrittweise Verbesserung. Allerdings gibt es »Wunder«, es gibt spontane Phänomene. Der vorrangige Aspekt für uns sollte dennoch das konstante Üben sein; denn die Übungen sind die energetische Ernährung für den Körper!

Es geht darum, dass wir durch die Balance Energie anheben, zumindest so weit, dass wir umdenken können und nicht immer wieder dieselben Fehler machen, die uns dieselben Imbalancen bescheren.

Ich empfehle, sich einfach mal drei Wochen Zeit zu lassen, Übungserfahrungen zu sammeln und dann erst nachzuprüfen, was sich geändert hat. Rechnen sie die drei Wochen vom Anfangspunkt bis zum Endpunkt des Übens.

Übrigens: Häufig bemerken die Menschen um uns Veränderungen, die uns selbst gar nicht auffallen.

Die *Mudras* können manchmal schneller wirken: Da es sich um eine feinere Energie handelt, durchdringen die Mudras manche Energieebenen schneller und intensiver.

Die Mudrawege

Der Umgang mit den Mudrawegen

Die *Mudrawege* sind so angelegt, dass es für Sie als Anwender möglichst einfach ist zu wissen, wann Sie was machen:

- Es gibt 24 Mudrawege, die den 24 Stunden zugeordnet sind.
- Sie brauchen also nur auf die Uhr zu schauen und wissen damit sofort, welcher Mudraweg zu halten ist!

Zwei Mudras zentrieren, dann folgt das Elemente-Mudra – spezifisch für das Element oder für die beiden Elemente, wenn es sich um eine Stunde des Übergangs handelt, darauf zwei Mudras, die das angeregte Element wieder harmonisieren.

Die Absicht dieses Prinzips ist, einen Zugang zur Struktur unserer inneren Uhr zu finden und die Organuhr an dieser spezifischen Stelle zu unterstützen. Anschließend muss die Energie harmonisiert werden.

Unsere Unterstützung muss sich in ein Ganzes einfügen können. Die kleine Lücke, die wir geöffnet haben um Energie hineinzubringen, müssen wir wieder schließen. Und zwar so, dass der Zyklus wieder rund wird und rund läuft.

»Spezielle Anwendungen« finden sie im gleichnamigen Kapitel.

In allen Zyklen, bei allen Lebenszyklen, so auch bei der Organuhr, geht es darum, dass Dinge angeregt, in Gang gebracht werden, ohne andere aufzuhalten!

Dieser Sachverhalt durchzieht die Philosophie des Tao wie ein roter Faden.

Dies scheint bei uns nicht selbstverständlich zu sein.

Ist, als Beispiel, jemand krank und gezwungen, Medikamente zu nehmen, heißt es:»3-mal täglich vor dem Essen« oder so ähnlich. Da wird weder nach den Essenszeiten gefragt noch danach, ob die Organuhr richtig geht. An Zyklen wird gar nicht erst gedacht!

Die gleichen Symptomatiken, die ja energetisch unterschiedlich verursacht wurden, haben das gleiche Medikament und gleiche Einnahmezeiten.

Wenn wir uns an den Umgang mit der Organuhr gewöhnen, sollten wir generell daran denken, den Fluss der Energie so zu unterstützen, dass wir nichts anderes aufhalten. Lösen wir Blockaden in diesem Fluss der Energie, soll das in der Weise geschehen, dass nirgendwo anders ein Stau oder eine Imbalance entsteht.

Das ist es, was man im Taoismus unter Nicht-Eingreifen versteht. Gemeint ist damit, dass in einen natürlichen Vorgang nicht eingegriffen wird. Es geht darum, dass natürliche Vorgänge – wenn sie nicht ganz so flüssig vonstatten gehen oder schon zu kleinen Blockaden geführt haben – auf natürlichste Weise unterstützt werden, ohne anderes zu schädigen.

Dieses Nicht-Eingreifen bedeutet, dass man der Natur den Lauf lässt.

Kann die Natur die Natürlichkeit in der Bewegung, in unserer Energie nicht zum Ausdruck bringen, dann braucht sie Unterstützung – zur richtigen Zeit!

Übungen und Mudras

Zentrierung 1

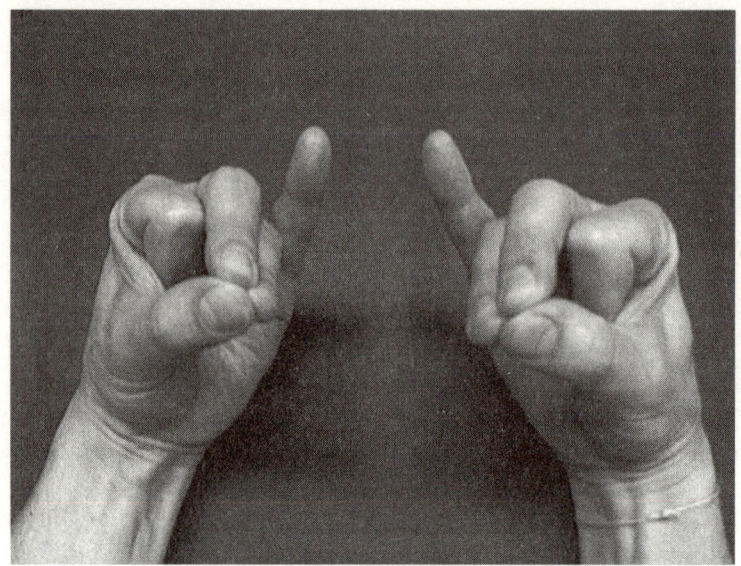

Hände: links oder rechts, beide
Beschreibung: Zeigefinger auf den Daumenballen, Mittel- und Ringfinger auf den Daumen, der Kleinfinger bleibt gestreckt
Haltezeit: 3 Minuten, mindestens 7-mal täglich, Mindestabstand 1 Minute
Im akuten Fall: 10 Minuten, mindestens 10-mal täglich, Mindestabstand 1 Minute
Nutzen: Das Mudra stärkt die Gehirn- und Herzintegration. Es balanciert die Organe und die emotionale Komponente des Atemreflexes, beugt Panikattacken vor und baut Panikattacken in Verbindung mit Herzimbalancen ab.
Geistiger Aspekt: Es gibt hier keinen *speziellen* geistigen Aspekt wie bei den folgenden acht Mudras.

Die Mudrawege

Zentrierung 2

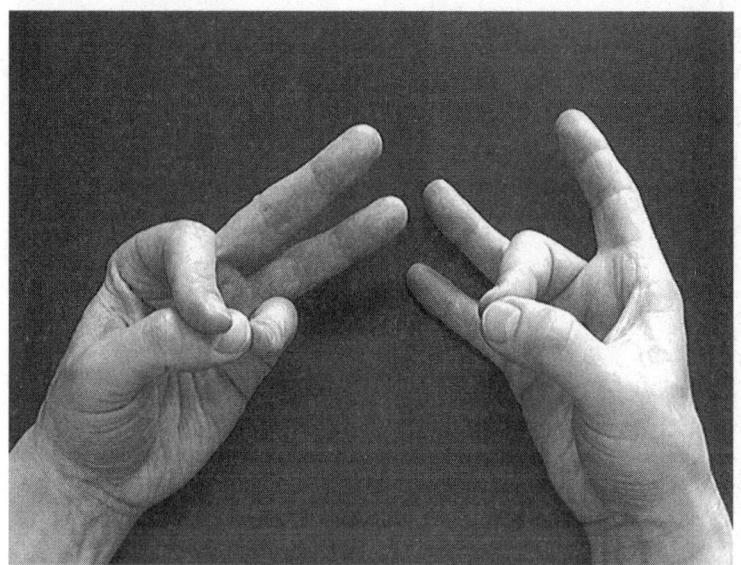

Hände: links und rechts
Beschreibung: *linke Hand:*
Daumen und Kleinfinger zusammen,
Zeigefinger auf erstes Daumengelenk außen
rechte Hand: Daumen und Mittelfinger zusammen.
Haltezeit: 5 Minuten, mindestens 5-mal täglich, Mindestabstand 4 Minuten
Im akuten Fall: 7 Minuten, mindestens 5-mal täglich, Mindestabstand 1 Minute
Nutzen: Das Mudra balanciert das Metall-Element, gleicht das Feuer-Element aus und stärkt das Wasser-Element. Zusätzlich fördert es die Augenenergie.
Geistiger Aspekt: Es fördert unsere größte Stärke, die Sanftheit.

Übungen und Mudras

Mudra: Holz-Element

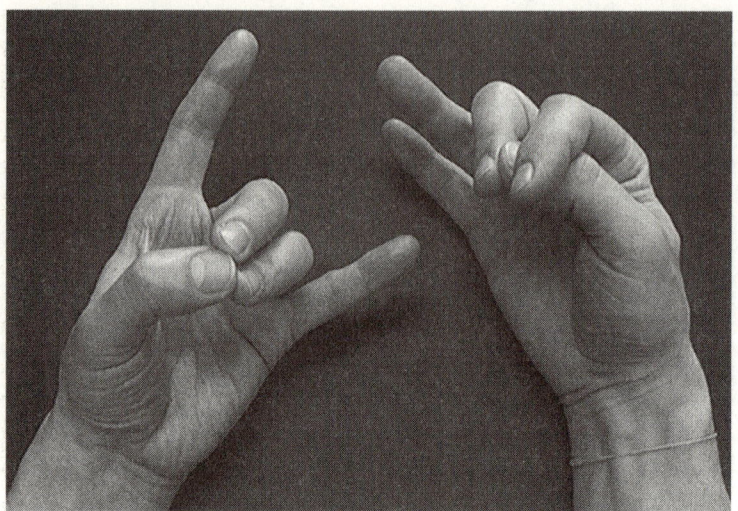

Hände: links und rechts
Beschreibung: *linke Hand:* Daumen, Mittel- und Ringfinger zusammenlegen
rechte Hand: zweites Zeigefingerglied über das erste Daumenglied, Daumenspitze auf Mittelfingerfalz
Haltezeit: 3 Minuten, mindestens 4-mal täglich, Mindestabstand 7 Minuten
Im akuten Zustand: 7 Minuten, mindestens 5-mal täglich, Mindestabstand 3 Minuten
Nutzen: Es unterstützt Blutdruck und Lymphfluss in ihren Funktionen. Auch bei Erschöpfung können wir das Holz-Element-Mudra halten. Es unterstützt darüber hinaus die Entgiftung.
Geistiger Aspekt: Ich lerne, mit Dingen umzugehen, weil ich den Umgang mit meinem Wesenskern fördere, mich dadurch weniger stresse und im klaren Verstehen wachse.

Mudra: Feuer-Element

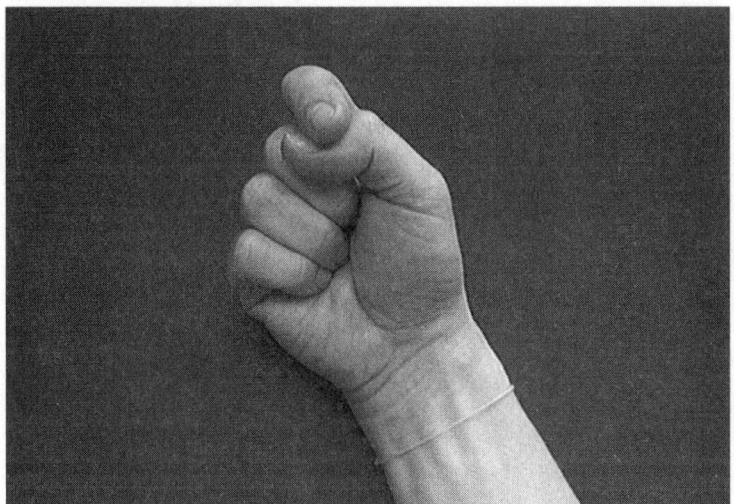

Hände: links oder rechts
Beschreibung: Hand zur Faust ballen, Zeigefinger auf das Daumengelenk legen
Haltezeit: 7 Minuten, mindestens 3-mal täglich, Mindestabstand 4 Minuten
Im akuten Fall: 5 Minuten, mindestens 6-mal täglich, Mindestabstand 3 Minuten
Nutzen: Es fördert den freien Fluss der Rückenmarksflüssigkeit, dadurch die Denk- und Merkfähigkeit. Es unterstützt unsere Atmung und unsere Herztätigkeit, balanciert das Immunsystem und fördert die Balance bei verschiedenen Allergien.
Geistiger Aspekt: Ich werde frei von falschen Gedankenkonzepten, weil ich das klare Verstehen im Herzen fördere und weil ich Förderung des Lebens und Neigungen unterscheiden kann.

Mudra: Erd-Element

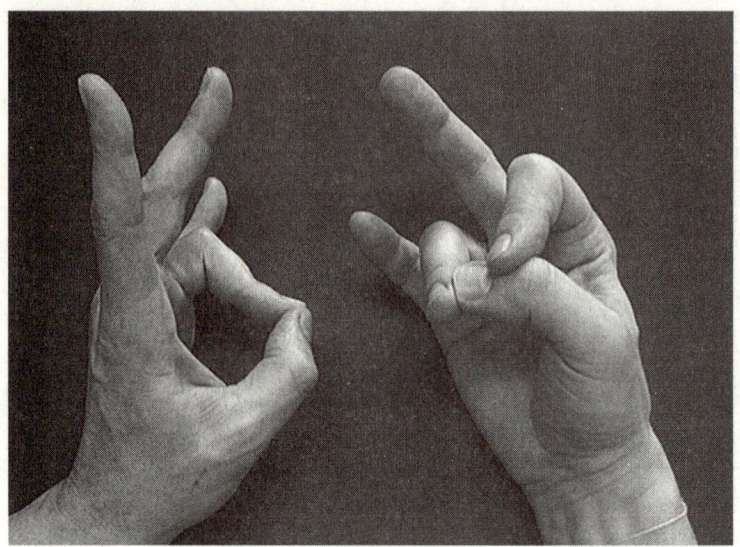

Hände:	links und rechts
Beschreibung:	*linke Hand:* Daumen und Ringfinger zusammenlegen
	rechte Hand: Daumenspitze auf Ringfingernagelfalz mittelfingerseitig, Zeigefinger auf erstes Daumengelenk
Haltezeit:	5 Minuten, mindestens 5-mal täglich, Mindestabstand 2 Minuten
Im akuten Fall:	4 Minuten, mindestens 9-mal täglich, Mindestabstand 1 Minute
Nutzen:	Es unterstützt die Energie in den Beinen. Dieses Mudra kann bei Allergien angewendet werden. Vor allen Dingen bei Atemproblemen hat es sich sehr gut bewährt. Es fördert generell die Regenerationsfähigkeit.
Geistiger Aspekt:	Ich habe eine klare Distanz zu Dingen, zur Arbeit, zu Menschen.

Mudra: Wasser-Element

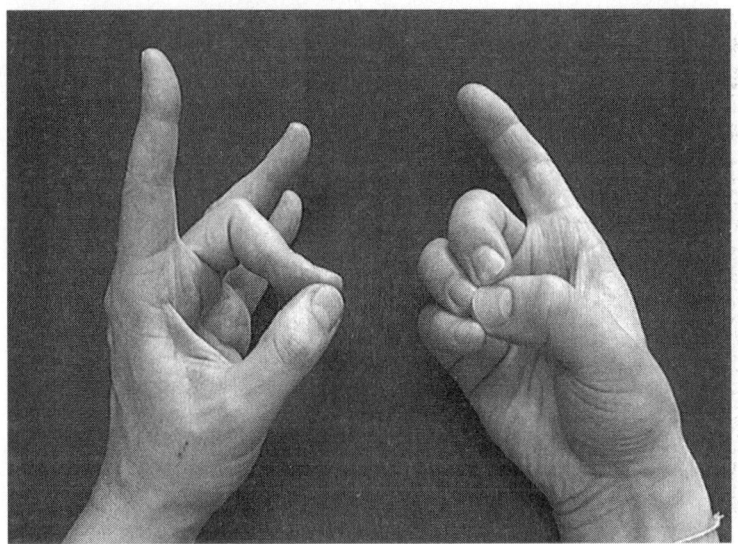

Hände: links und rechts
Beschreibung: *linke Hand:* Daumen und Mittelfinger zusammenlegen
rechte Hand: Mittel-, Ring- und Kleinfinger rund um den Daumennagel legen
Haltezeit: 5 Minuten, mindestens 4-mal täglich, Mindestabstand 3 Minuten
Im akuten Fall: 9 Minuten, mindestens 5-mal täglich, Mindestabstand 2 Minuten
Nutzen: Es fördert die Energie der Wirbelsäule, unterstützt die Energie in den Beinen und fördert die innere Ruhe. Außerdem unterstützt es das Immunsystem.
Geistiger Aspekt: Es fördert die größte Kraft in mir, die Sanftheit, weil ich Emotionen »verdauen« kann und sie als Lebenserfahrung anwende.

Mudra: Metall-Element

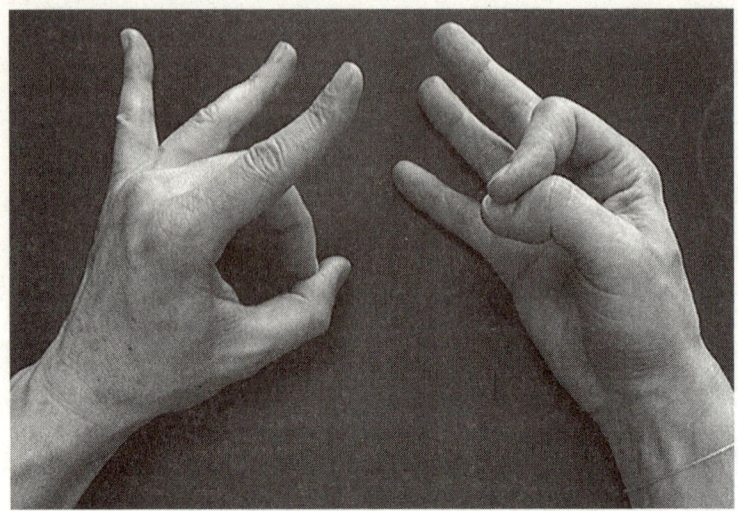

Hände: links und rechts
Beschreibung: *linke Hand:* Mittelfingernagelspitze auf erstes Daumenglied Mitte
rechte Hand: Zeigefinger vor Daumengelenk außen
Haltezeit: 7 Minuten, mindestens 3-mal täglich, Mindestabstand 7 Minuten
Im akuten Fall: 2 Minuten, mindestens 7-mal täglich, Mindestabstand 2 Minuten
Nutzen: Es unterstützt speziell die Integration unseres Herzens, fördert die Verdauung und balanciert unser Kiefergelenk. Des Weiteren wird ein »besseres Verstehen« gefördert.
Geistiger Aspekt: Ich habe Mut, den natürlichen Mut im Herzen, mein Leben mühelos zu meistern, das heißt: ich bekomme Macht über mich selber und übe keinen Machtmissbrauch über andere aus.

Die Mudrawege

Harmonisierung 1

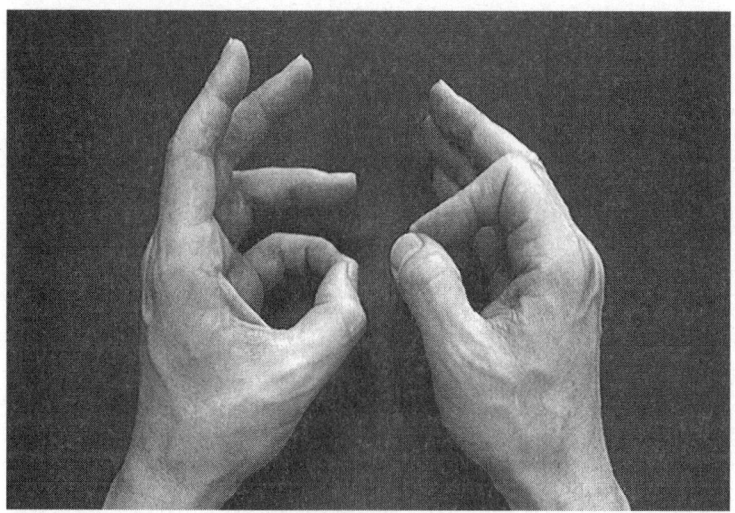

Hände: links und rechts
Beschreibung: *linke Hand:* Daumen und Kleinfinger zusammenlegen
rechte Hand: Daumen und Zeigefinger zusammenlegen
Haltezeit: 7 Minuten, mindestens 3-mal täglich, Mindestabstand 25 Minuten
Im akuten Fall: 8 Minuten, mindestens 1-mal täglich
Nutzen: Das Mudra fördert die Atmung, balanciert den Schultergürtel und die Herzintegration. Des Weiteren wirkt es sich vorteilhaft auf die Gelenke aus. Auf Reisen eignet es sich dafür, sich generell zu beruhigen.
Geistiger Aspekt: Es fördert die geistige Ausrichtung im Leben und die Orientierung in dieser Welt. Es unterstützt das klare Denken zum Nutzen meiner Gesundheit für meine eigene Balance und die Balance der Umwelt.

Harmonisierung 2

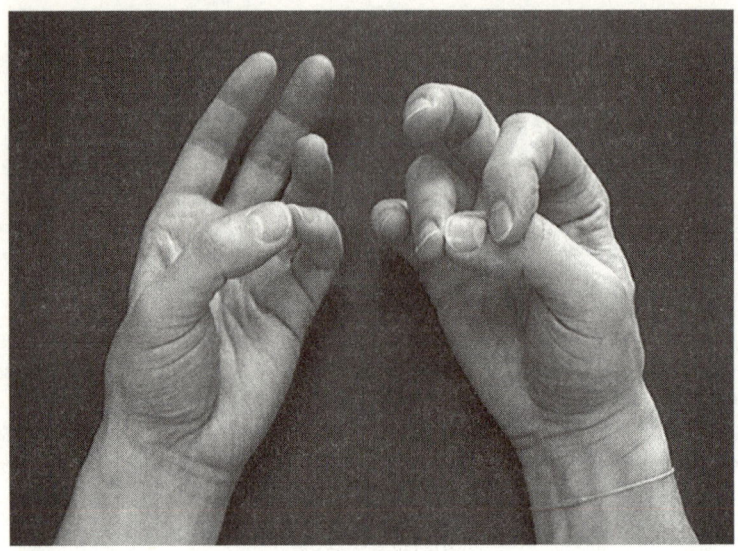

Hände: links und rechts
Beschreibung: *linke Hand:* Daumen und Kleinfinger zusammenlegen
rechte Hand: Daumenspitze auf Ringfingernagelfalz mittelfingerseitig, Zeigefinger auf erstes Daumengelenk
Haltezeit: 3 Minuten, mindestens 2-mal täglich, Mindestabstand 5 Minuten
Im akuten Fall: 5 Minuten, mindestens 7-mal täglich, Mindestabstand 5 Minuten
Nutzen: balanciert Unruhe, fördert das Immunsystem, unterstützt Holz- und Wasser-Element. Das Mudra balanciert das Kiefergelenk.
Geistiger Aspekt: Nur der Wandel ist konstant. Das einzig Sichere, das es in unserem Leben wirklich gibt, ist der ständige Wandel.

Die Mudras

Zentrierung 1
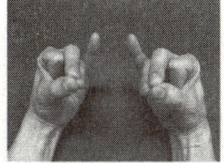

Zentrierung 2
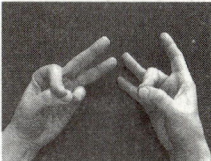

Holz-Element
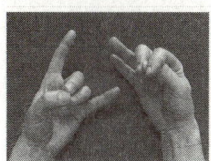

Feuer-Element
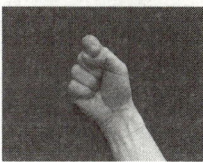

Erd-Element
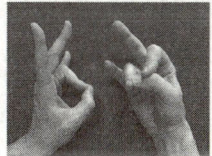

Wasser-Element
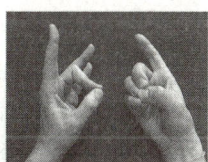

Metall-Element
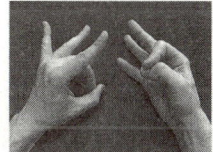

Harmonisierung 1
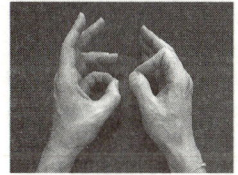

Harmonisierung 2
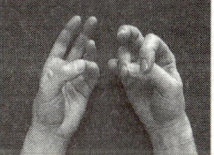

Übungen und Mudras

Mudraweg 1

Zeit: 1.00–2.00 Uhr

Zentrierung 1

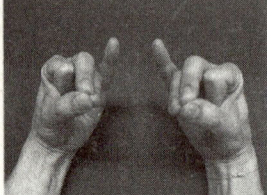

2 Minuten halten

Zentrierung 2

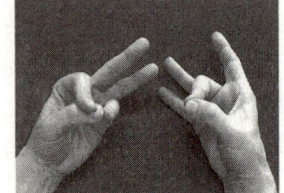

2 Minuten halten

Holz-Element

2 Minuten halten

Harmonisierung 2

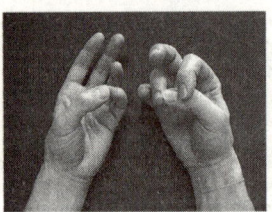

2 Minuten halten

Harmonisierung 1

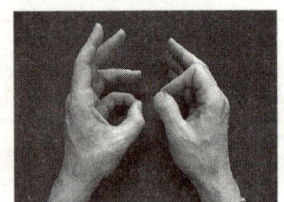

2 Minuten halten

Die Mudrawege

Mudraweg 2

Zeit: 2.00–3.00 Uhr

Zentrierung 1

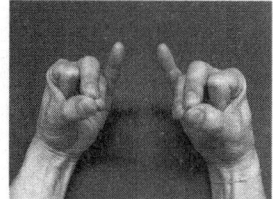

2 Minuten halten

Zentrierung 2

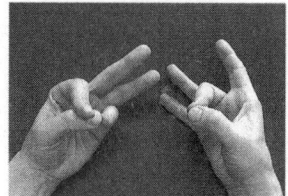

2 Minuten halten

Holz-Element

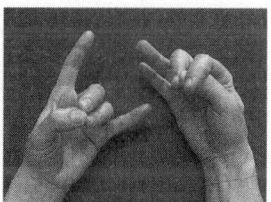

2 Minuten halten

Harmonisierung 1

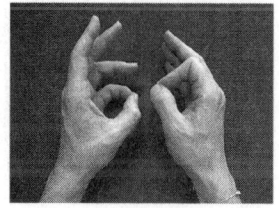

2 Minuten halten

Harmonisierung 2

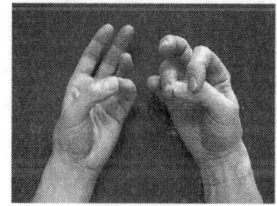

2 Minuten halten

Mudraweg 3

Zeit: 3.00–4.00 Uhr

Zentrierung 1

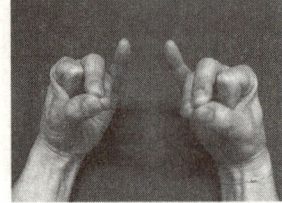

2 Minuten halten

Zentrierung 2

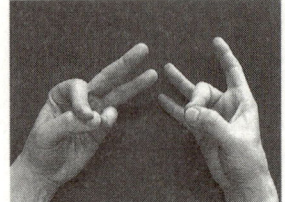

2 Minuten halten

Holz-Element

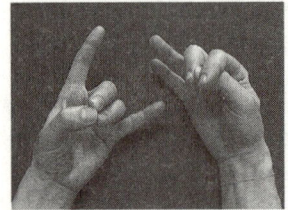

2 Minuten halten

Metall-Element

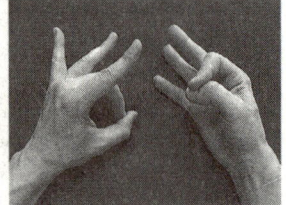

2 Minuten halten

Harmonisierung 2

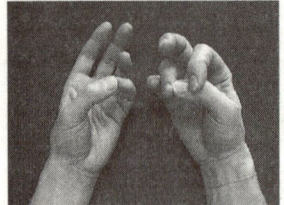

2 Minuten halten

Harmonisierung 1

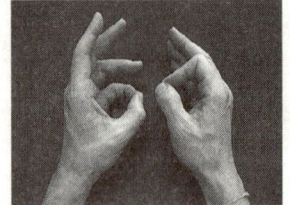

2 Minuten halten

Mudrawege

Mudraweg 4

Zeit: 4.00–5.00 Uhr

Zentrierung 1

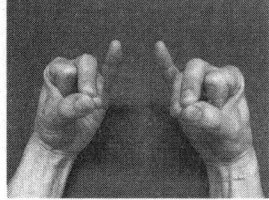

2 Minuten halten

Zentrierung 2

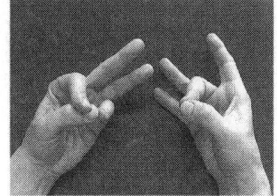

2 Minuten halten

Metall-Element

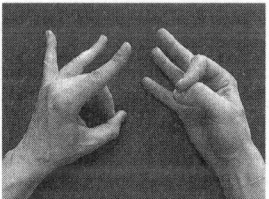

4 Minuten halten

Harmonisierung 1

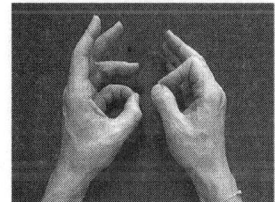

2 Minuten halten

Harmonisierung 2

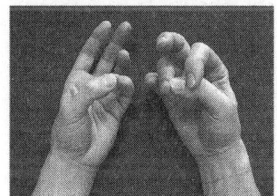

2 Minuten halten

Übungen und Mudras

Mudraweg 5

Zeit: 5.00–6.00 Uhr

Zentrierung 1

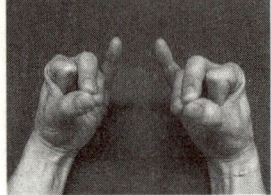

2 Minuten halten

Zentrierung 2

2 Minuten halten

Metall-Element

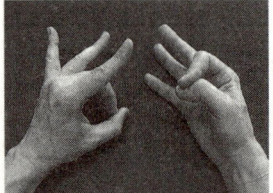

4 Minuten halten

Harmonisierung 2

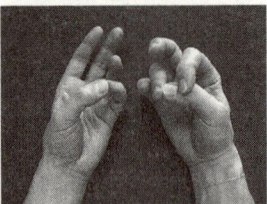

2 Minuten halten

Harmonisierung 1

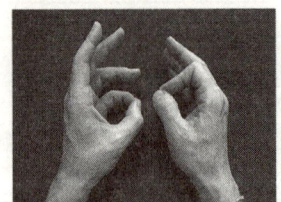

2 Minuten halten

Mudraweg 6

Zeit: 6.00–7.00 Uhr

Zentrierung 1

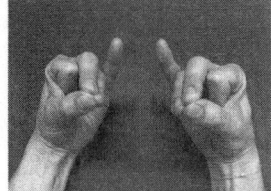

2 Minuten halten

Zentrierung 2

2 Minuten halten

Metall-Element

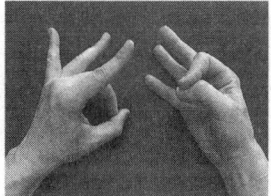

4 Minuten halten

Harmonisierung 1

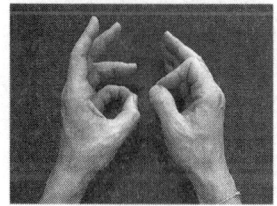

2 Minuten halten

Harmonisierung 2

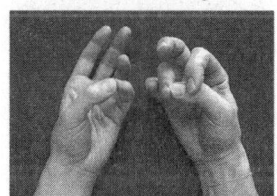

2 Minuten halten

Übungen und Mudras

Mudraweg 7

Zeit: 7.00–8.00 Uhr

Zentrierung 1

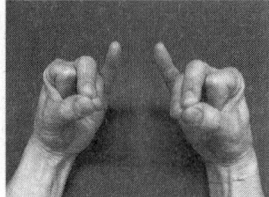

2 Minuten halten

Zentrierung 2

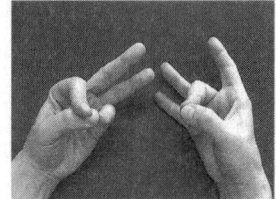

2 Minuten halten

Metall-Element

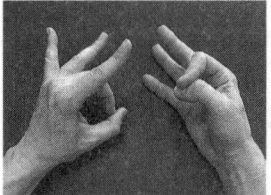

2 Minuten halten

Erd-Element

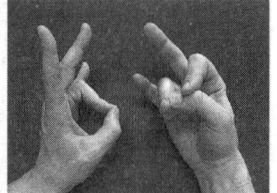

2 Minuten halten

Harmonisierung 2

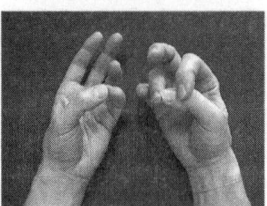

2 Minuten halten

Harmonisierung 1

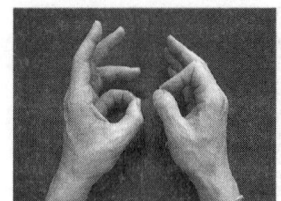

2 Minuten halten

Mudraweg 8

Zeit: 8.00–9.00 Uhr

Zentrierung 1

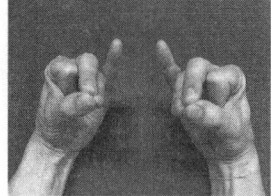

2 Minuten halten

Zentrierung 2

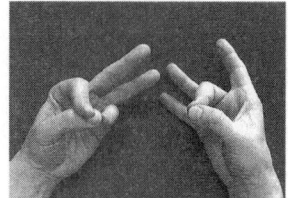

2 Minuten halten

Erd-Element

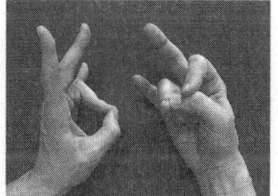

4 Minuten halten

Harmonisierung 1

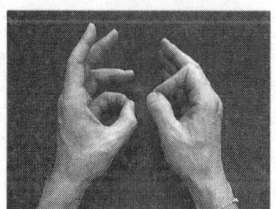

2 Minuten halten

Harmonisierung 2

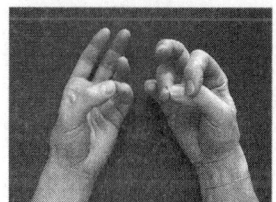

2 Minuten halten

Übungen und Mudras

Mudraweg 9

Zeit: 9.00–10.00 Uhr

Zentrierung 1

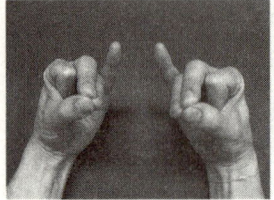

2 Minuten halten

Zentrierung 2

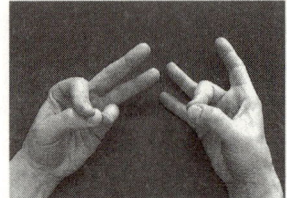

2 Minuten halten

Erd-Element

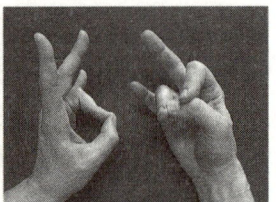

4 Minuten halten

Harmonisierung 2

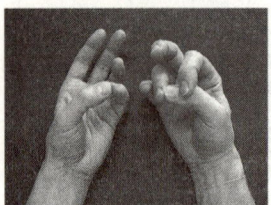

2 Minuten halten

Harmonisierung 1

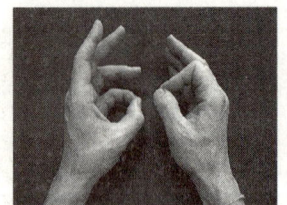

2 Minuten halten

Mudraweg 10

Zeit: 10.00–11.00 Uhr

Zentrierung 1

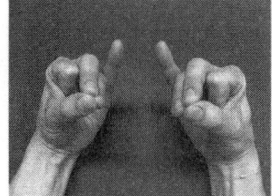

2 Minuten halten

Zentrierung 2

2 Minuten halten

Erd-Element

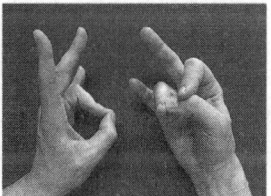

4 Minuten halten

Harmonisierung 1

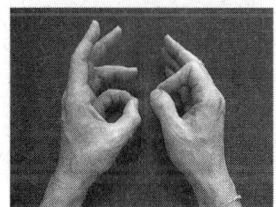

2 Minuten halten

Harmonisierung 2

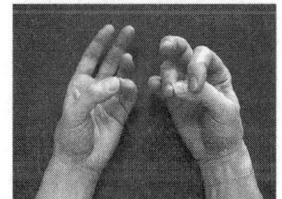

2 Minuten halten

Übungen und Mudras

Mudraweg 11

Zeit: 11.00–12.00 Uhr

Zentrierung 1

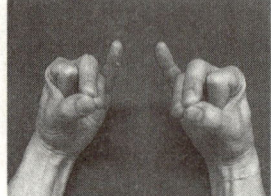

2 Minuten halten

Zentrierung 2

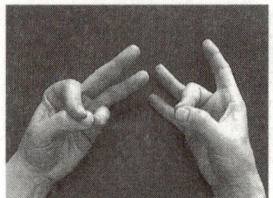

2 Minuten halten

Erd-Element

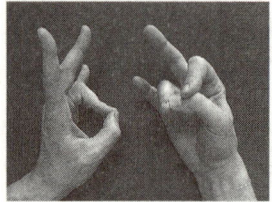

2 Minuten halten

Feuer-Element

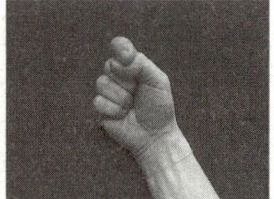

2 Minuten halten

Harmonisierung 1

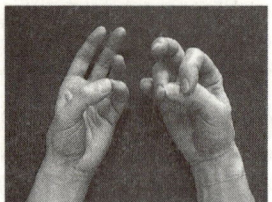

2 Minuten halten

Harmonisierung 2

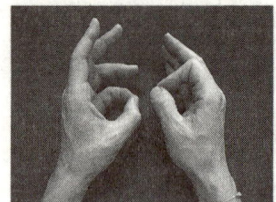

2 Minuten halten

Mudraweg 12

Zeit: 12.00–13.00 Uhr

Zentrierung 1

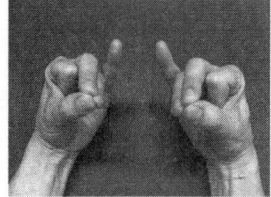

2 Minuten halten

Zentrierung 2

2 Minuten halten

Feuer-Element

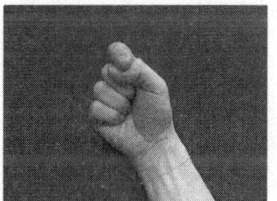

4 Minuten halten

Harmonisierung 1

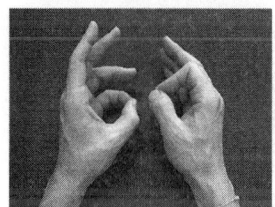

2 Minuten halten

Harmonisierung 2

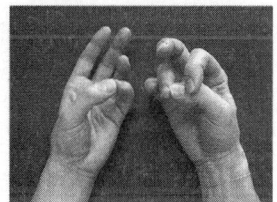

2 Minuten halten

Übungen und Mudras

Mudraweg 13

Zeit: 13.00–14.00 Uhr

Zentrierung 1

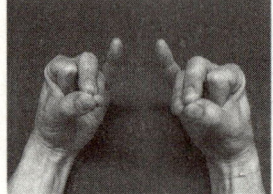

2 Minuten halten

Zentrierung 2

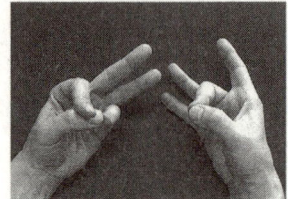

2 Minuten halten

Feuer-Element

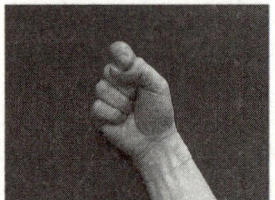

4 Minuten halten

Harmonisierung 2

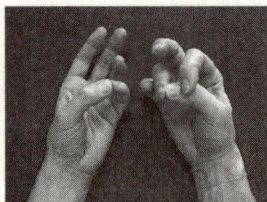

2 Minuten halten

Harmonisierung 1

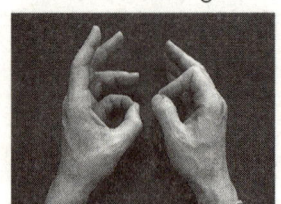

2 Minuten halten

Die Mudrawege

Mudraweg 14

Zeit: 14.00–15.00 Uhr

Zentrierung 1

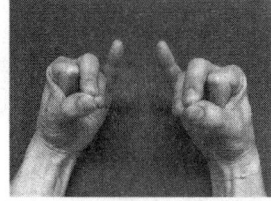

2 Minuten halten

Zentrierung 2

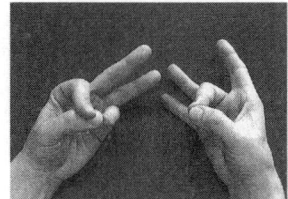

2 Minuten halten

Feuer-Element

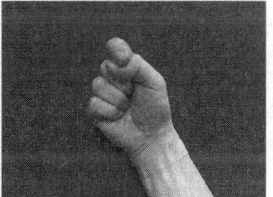

4 Minuten halten

Harmonisierung 1

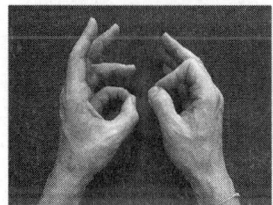

2 Minuten halten

Harmonisierung 2

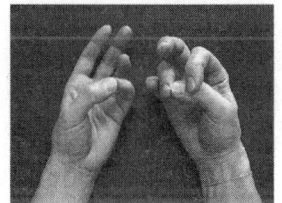

2 Minuten halten

Übungen und Mudras

Mudraweg 15

Zeit: 15.00–16.00 Uhr

Zentrierung 1

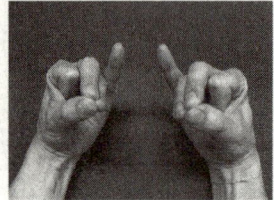

2 Minuten halten

Zentrierung 2

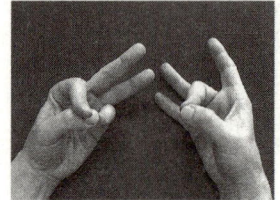

2 Minuten halten

Feuer-Element

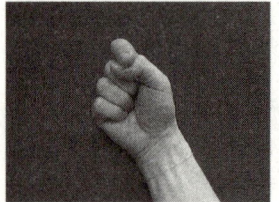

2 Minuten halten

Wasser-Element

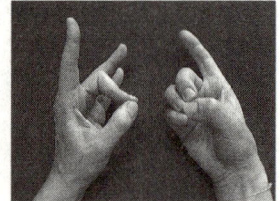

2 Minuten halten

Harmonisierung 2

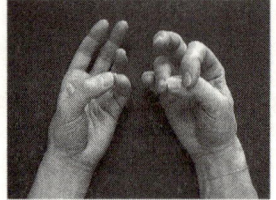

2 Minuten halten

Harmonisierung 1

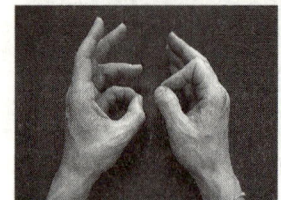

2 Minuten halten

Mudraweg 16

Zeit: 16.00–17.00 Uhr

Zentrierung 1

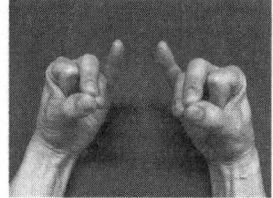

2 Minuten halten

Zentrierung 2

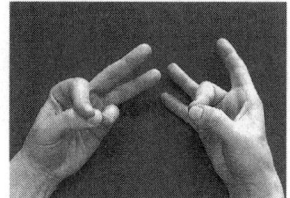

2 Minuten halten

Wasser-Element

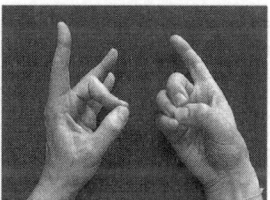

4 Minuten halten

Harmonisierung 1

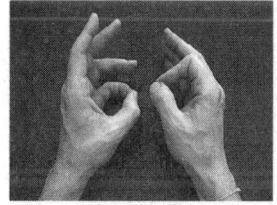

2 Minuten halten

Harmonisierung 2

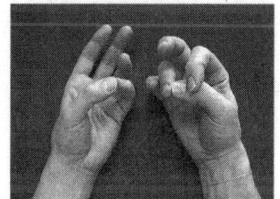

2 Minuten halten

Mudraweg 17

Zeit: 17.00–18.00 Uhr

Zentrierung 1

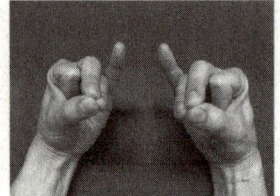

2 Minuten halten

Zentrierung 2

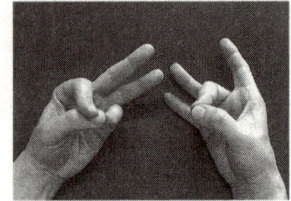

2 Minuten halten

Wasser-Element

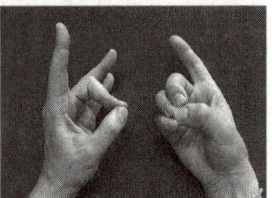

4 Minuten halten

Harmonisierung 2

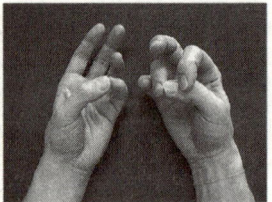

2 Minuten halten

Harmonisierung 1

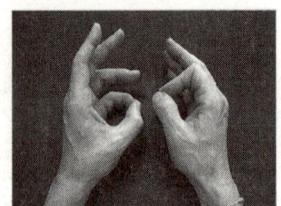

2 Minuten halten

Mudraweg 18

Zeit: 18.00–19.00 Uhr

Zentrierung 1

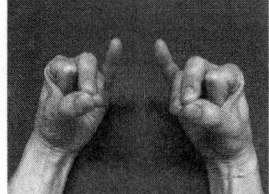

2 Minuten halten

Zentrierung 2

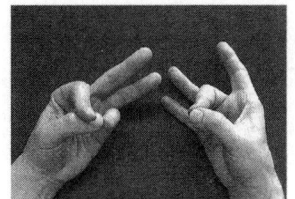

2 Minuten halten

Wasser-Element

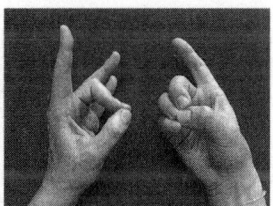

4 Minuten halten

Harmonisierung 1

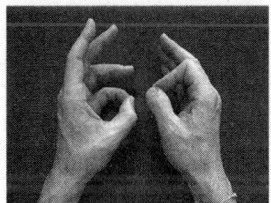

2 Minuten halten

Harmonisierung 2

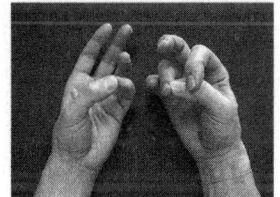

2 Minuten halten

Übungen und Mudras

Mudraweg 19

Zeit: 19.00–20.00 Uhr

Zentrierung 1

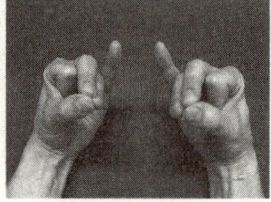

2 Minuten halten

Zentrierung 2

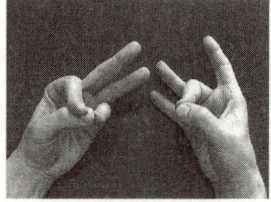

2 Minuten halten

Wasser-Element

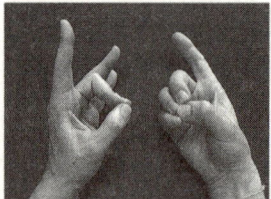

2 Minuten halten

Feuer-Element

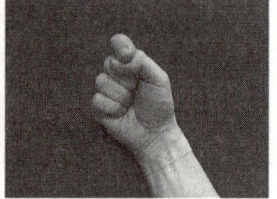

2 Minuten halten

Harmonisierung 2

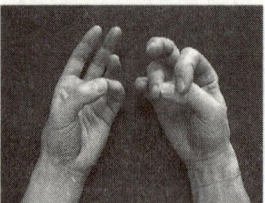

2 Minuten halten

Harmonisierung 1

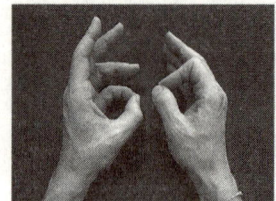

2 Minuten halten

Die Mudrawege

Mudraweg 20

Zeit: 20.00–21.00 Uhr

Zentrierung 1

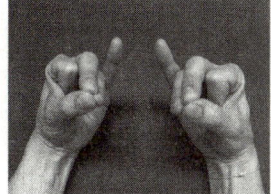

2 Minuten halten

Zentrierung 2

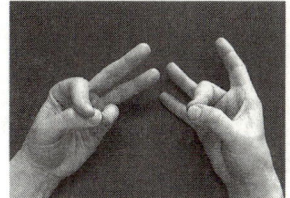

2 Minuten halten

Feuer-Element

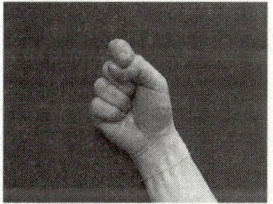

4 Minuten halten

Harmonisierung 1

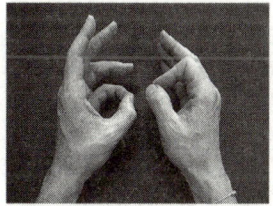

2 Minuten halten

Harmonisierung 2

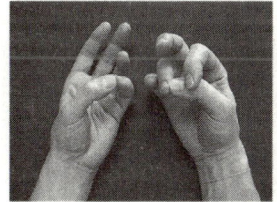

2 Minuten halten

Übungen und Mudras

Mudraweg 21

Zeit: 21.00–22.00 Uhr

Zentrierung 1

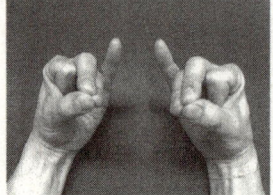

2 Minuten halten

Zentrierung 2

2 Minuten halten

Feuer-Element

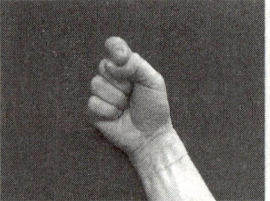

4 Minuten halten

Harmonisierung 1

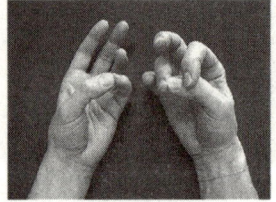

2 Minuten halten

Harmonisierung 2

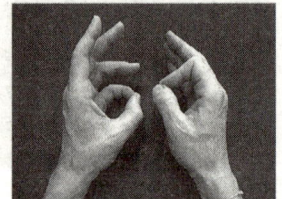

2 Minuten halten

Mudraweg 22

Zeit: 22.00–23.00 Uhr

Zentrierung 1

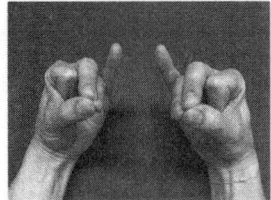

2 Minuten halten

Zentrierung 2

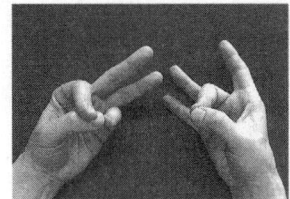

2 Minuten halten

Feuer-Element

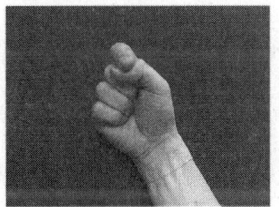

4 Minuten halten

Harmonisierung 1

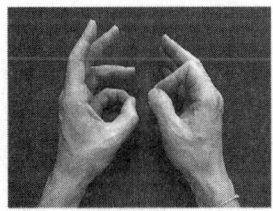

2 Minuten halten

Harmonisierung 2

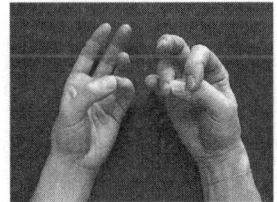

2 Minuten halten

Übungen und Mudras

Mudraweg 23

Zeit: 23.00–24.00 Uhr

Zentrierung 1

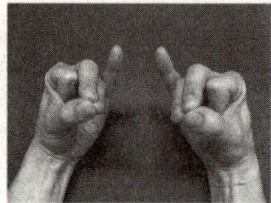

2 Minuten halten

Zentrierung 2

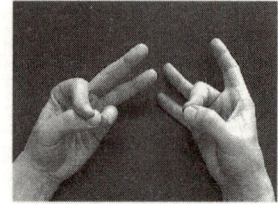

2 Minuten halten

Feuer-Element

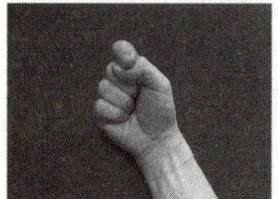

2 Minuten halten

Holz-Element

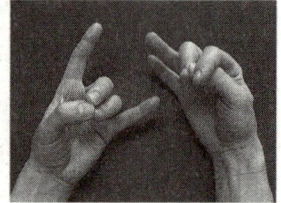

2 Minuten halten

Harmonisierung 2

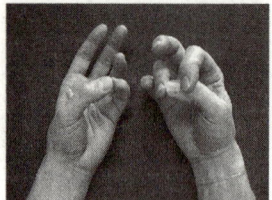

2 Minuten halten

Harmonisierung 1

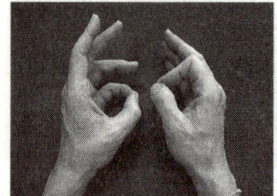

2 Minuten halten

Die Mudrawege

Mudraweg 24

Zeit: 24.00–1.00 Uhr

Zentrierung 1

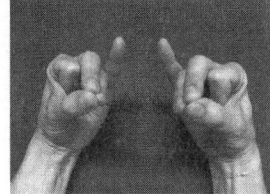

2 Minuten halten

Zentrierung 2

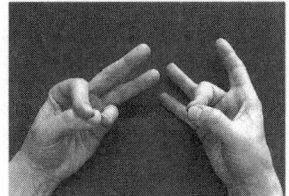

2 Minuten halten

Holz-Element

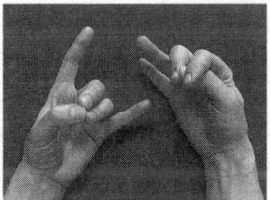

4 Minuten halten

Harmonisierung 1

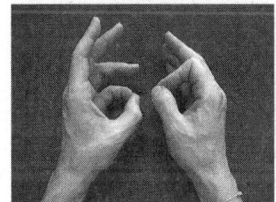

2 Minuten halten

Harmonisierung 2

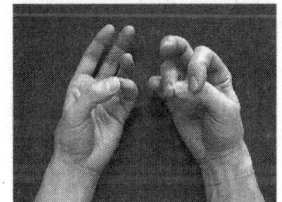

2 Minuten halten

Die Organuhr
und die Qualitäten der Energien

Die Energiequalität Stunde für Stunde

Die Überlappung der folgenden Stundenbeschreibungen entspricht den *fließenden Übergängen* der energetischen Aktivität der Meridiane.

Mit dieser Form der Darstellung soll die »Verzahnung« der Energien im zyklischen Wechsel verdeutlicht werden: Die Meridianausschnitte orientieren sich an den *Yang-Zeiten* der Organuhr.

> *Die eingerückt geschriebenen Texte beschreiben, wie es in der Realität aussehen kann. Was wir real erleben, unterscheidet sich oft vom* idealen *Wissen davon, wie es sein sollte.*
>
> *Ich kenne beide Seiten aus meiner eigenen, langjährigen beruflichen Arbeitserfahrung. Darum will ich* nicht *werten,* nur aufzeigen. *Die Beschreibungen der Stunden des Tages gewinnen damit an Kontrast.*

Die Energiequalität Stunde für Stunde

Der Morgen zwischen 5.00 und 8.00 Uhr

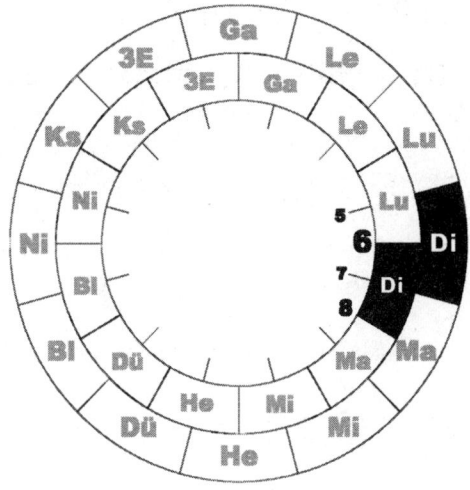

Die Stunde von 5.00 bis 6.00 Uhr

Wir beginnen die Tagesbetrachtung am Morgen mit der Dickdarm-Energie:
Sie fängt in der Yang-Zeit an, und die Lungen-Energie läuft in der Yin-Zeit aus. Dies ist die Stunde im Yang.

Das ist meistens die Zeit, die wir noch schlafend erleben. Oder wenn wir aufstehen müssen, ist für manche »sterben schöner, als gerade aufzustehen.«
6.00 Uhr als die Stunde, in der man gerade tief schläft. Klingelt dann um 6.30 oder 7.00 Uhr der Wecker, ist man – zumindest energetisch – »tot«.
Wie kommt es dazu?

Es ist häufig so, dass Menschen um Mitternacht oder nach Mitternacht ins Bett gehen, ohne so richtig müde zu sein. Der Schlaf wird aber schon früher »gebraucht« (siehe Die Stunde von 22.00 bis 23.00 Uhr).

Dickdarm-Qualitäten leben bedeutet: Wir nehmen den neuen Tag an, das Aufstehen, das Beginnen. In der Lunge läuft die Energie aus, das heißt, wir haben den natürlichen Mut, diesen Tag zu beginnen, ohne verzagt zu sein, ohne uns am frühen Morgen zu ärgern. Denn wir haben uns im Schlaf gestärkt.
Der neue Tag beginnt mit dem natürlichen Mut und mit der inneren Stärke, die uns die gute Nachtruhe gebracht hat.

Die Stunde von 6.00 bis 7.00 Uhr

Das ist die Stunde, in der die Dickdarm-Energie in der Balance ist.

Die Zeit zum Aufstehen: Nachdem man sich ein halbes Stündchen immer wieder umgedreht hat, den »Snooze«-Knopf des Weckers auf »Wiederholen« geschaltet, damit er wiederholt klingelt. Dann steht man schließlich doch zu spät auf, noch schnell ein Schluck Kaffee und irgendetwas beißen – schon halb unterwegs.

Irgendwann zwischen 7:00 und 8:00 Uhr trifft man an der Arbeitsstelle ein, wenn man Glück hat, ist man noch pünktlich. Im Bus waren Kameraden und Kollegen zu sehen, denen es ähnlich gegangen zu sein scheint. Für Autofahrer gibt es stattdessen morgens das »private Wettrennen«. Natürlich mit Musik und Radio, die fröhlich darauf einstimmen, wie das Wetter wird, die Weltlage im Allgemeinen und Besonderen ist usw.

Hier wechseln wir um: vom Annehmen zum Loslassen. Dazu gehören auch Träume, die wir in Erkenntnisse umwandeln. Ebenso die Nahrungsreste, die wir im Körper nicht mehr brauchen.
Wir lassen los, was wir brauchen, um den Tag zu beginnen. Somit nehmen wir den Tag an.

Die Energiequalität Stunde für Stunde

Der Morgen zwischen 7.00 und 10.00 Uhr

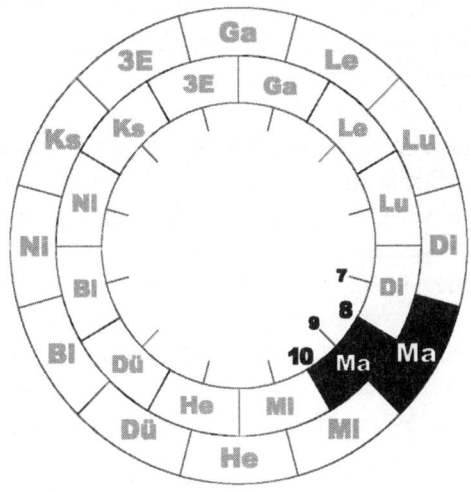

Die Stunde von 7.00 bis 8.00 Uhr

Hier beginnt der Magen-Meridian in der Yang-Zeit, die Aktivität des Dickdarm-Meridians läuft in der Yin-Zeit aus.

Variante »Familie mit Schulkindern«:
Morgens geht's los – alle müssen aus dem Haus, jeder sucht alles, das Bad ist besetzt, Vati fliegt über die Matchbox-Autos von seinem Jüngsten und kann nicht ins Bad, weil die Tochter sich ewig schminkt. Er kommt nicht aufs Klo, weil der Sohn schon länger draufsitzt, während die Mutter ruft: »Na, nun kommt doch endlich zum Frühstück.« – »Ich hab sowieso keinen Hunger!« – »Das hab ich aber jetzt gemacht, und ihr esst das gefälligst!«
Dann wird noch Schulbrot eingepackt oder für Vati etwas mitgegeben.
Hektik mit Anfang, aber (scheinbar) ohne Ende.
In der Schule, im Büro, an der Arbeitsstelle kehrt erst einmal Ruhe ein – kurzfristig.

> *Die »lieben Kollegen« sind allerdings ähnlich gestresst zur Arbeitsstelle gekommen und begrüßen uns mit »aufmunternden Reden«.*

Das heißt, der Magen-Meridian wirkt als Lebenskraft, die noch nicht strukturiert ist.

Wir müssen erst strukturieren. Das fällt leichter, wenn der Dickdarm-Meridian im Yin noch die Schwingung des Loslassens hat.

Das Nichtstrukturierte könnte dazu führen, dass wir uns am frühen Morgen ärgern oder Dinge für nicht adäquat halten. Davor bewahrt uns aber die Yin-Energie des Dickdarms: Sie fördert uns im Loslassen – zum Beispiel von Ärgerlichem.

Die Stunde von 8.00 bis 9.00 Uhr

Die Energie des Magen-Meridians ist hier in der Balance.

> *Da bekommen wir dann erst einmal einen Überblick, was wir heute alles so zu tun haben. Oder auch: Es kommen »alle möglichen Leute« auf uns zu und fragen uns Dinge, die uns überfordern.*

Hier legen wir unsere Heilung fest! – In dieser Stunde entscheiden wir, *wie zwölf Stunden später unsere Abendstunden verlaufen werden.* Das, was wir hier festlegen, begegnet uns sozusagen zwölf Stunden später.

Daraus folgt: Es empfiehlt sich, vorsichtig und bedachtsam zu agieren, denn die steigende Yang-Kraft könnte uns voreilig handeln lassen.

Die Energiequalität Stunde für Stunde

Der späte Vormittag zwischen 9.00 und 12.00 Uhr

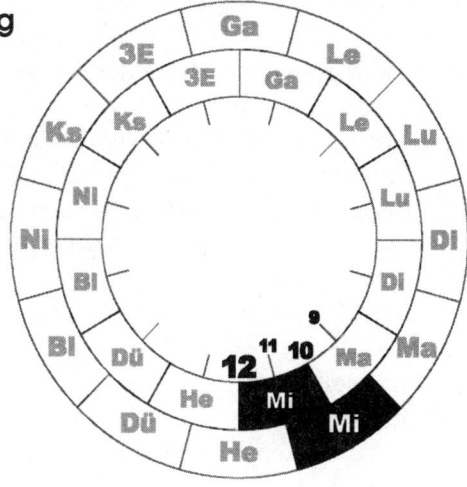

Die Stunde von 9.00 bis 10.00 Uhr

Es beginnt die Yang-Zeit des Milz-Meridians, und der Magen-Meridian läuft in der Yin-Zeit aus.

 Frühstückszeit, die zweite. Nach dem Frühstück ist man dann angenehm müde. Man rettet sich so über die Runden ...

Die Milz startet mit der Selbstkontrolle. – In der Stunde zuvor haben wir unsere Heilung festgelegt. Diese festgelegte Heilung im Magen-Meridian, der in der Yin-Zeit ja noch aktiv ist, bekommt eine Bestätigung.

Falsch wäre es jetzt, *andere* kontrollieren zu wollen.

Die Stunde von 10.00 bis 11.00 Uhr

Der Milz-Meridian ist jetzt in der Balance.

Das ist die Stunde, in der es schwer fällt, die Selbstkontrolle zu behalten und offen zu sein. Lieber sagen wir uns: »Also, ich bin ja toll drauf, aber die andern sind total daneben und machen mir das Leben schwer. Ich bin ja ein ruhender Pol – die andern sind ja die, die dumme Geschichten machen ...«

Das bedeutet: die Selbstkontrolle trifft auf die Struktur der Offenheit. Dadurch, dass wir uns selbst in der Kontrolle haben, können wir für Dinge offen sein, die uns nicht passen.

Wir bewerten nicht, sondern betrachten einfach. Mit dem Fortschreiten der Zeit bewegen wir ebenso die Dinge, die uns nicht passen. Der Vorteil: In der Bewegung sehen wir auch eine Veränderung.

Wenn Dinge fortschreiten und Zeit fortschreitet, sich etwas verändert, merken wir häufig, dass der erste Eindruck getäuscht hat. Egal, ob es ein »guter« oder »schlechter« Eindruck war: indem wir nur beobachten und nicht beurteilen, leben wir die Qualität der Offenheit.

Dadurch sehen wir Dinge in der Bewegung, erkennen ihre Veränderung und die Veränderungen der Aspekte der Polarität zwischen »Positiv« und »Negativ«.

Die Mittagszeit zwischen 11.00 und 14.00 Uhr

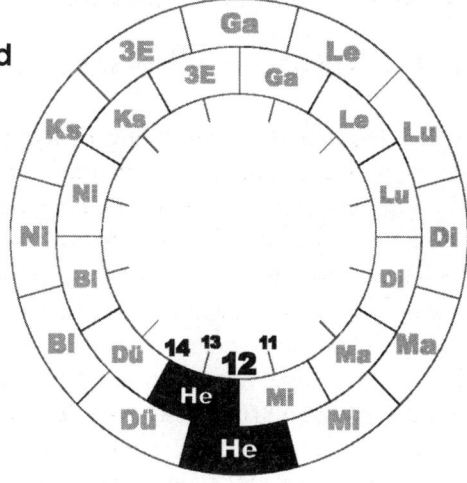

Die Stunde von 11.00 bis 12.00 Uhr

Hier beginnt der Herz-Meridian im Yang, der Milz-Meridian läuft im Yin aus.

 Wir kommen nun schon langsam in Richtung Mittagspause.

Der Herz-Meridian im Yang beginnt mit der Disziplin. Da im Yin noch die Milz-Energie mitschwingt, sind wir für die Disziplin natürlich offen.

Somit strukturieren wir uns richtig, weil wir wissen, dass wir Disziplin haben und Dinge in der Zeit erledigen! Da kommt dann Freude auf.

Die Stunde von 12.00 bis 13.00 Uhr

In dieser Zeit ist der Herz-Meridian in der Balance.

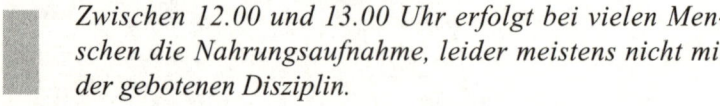 *Zwischen 12.00 und 13.00 Uhr erfolgt bei vielen Menschen die Nahrungsaufnahme, leider meistens nicht mit der gebotenen Disziplin.*

Stellen wir uns einmal vor, dass Sie das Essen vor sich sehen und denken: »Liebes Essen, du sollst mir nicht nur schmecken, sondern du sollst auch meine Körperenergien stärken. Du sollst meinen Körper gesund halten, du sollst mir Energie geben, damit ich gut denken und unterscheiden kann.«

Wenn wir in dieser Art Respekt mit dem Essen üben und eine Beziehung zu unserer Nahrung herstellen – können wir da noch mit Kollegen streiten? Würden wir »nur« eine Beziehung zum Essen herstellen, wären auch unsere Partnerschaften anders!

Es gibt Länder, in denen es als witzig gilt, mit Essen herumzuwerfen. In anderen Ländern ist das unvorstellbar, weil es als verwerflich angesehen wird. Welches Bewusstsein haben wir bei dieser Vorstellung?

Die Disziplin trifft auf den Respekt.

Wir haben Respekt vor unserer eigenen Disziplin. Infolge dieser Selbstdisziplin können wir auch das respektieren, was um uns herum passiert. Mit Blick auf die folgende Stunde sollte das Essen im günstigsten Fall etwas hinausgezögert werden.

Der frühe Nachmittag zwischen 13.00 und 16.00 Uhr

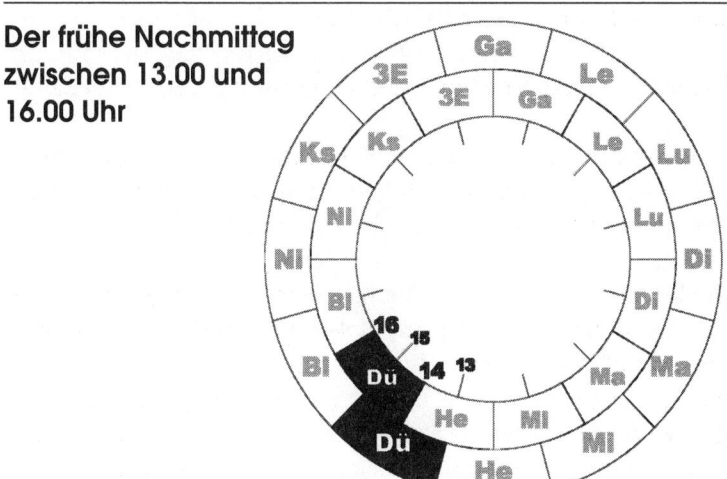

Die Stunde von 13.00 bis 14.00 Uhr

Während dieser Zeit beginnt der Dünndarm-Meridian im Yang, und die Herz-Energie läuft im Yin aus.

Die »kriminelle« oder »tödliche« Stunde! – Ebenso wie die Herz-Energie im Yin ausläuft, laufen auch wir aus – energetisch. Das heißt: Wir haben gegessen, das Essen braucht Energie, das Blut von Gehirn und Herz versammelt sich im Magen. Wir sind in unseren Denk- und Fühlorganen »blutleer«. Und jetzt geht's los: Kompensation mit Kaffee, Cola, »Powerdrinks« – Überleben ist die Devise.

Am liebsten würden wir nun in den Ruheraum und ein Mittagsschläfchen halten, doch wir wissen: Wenn wir uns jetzt hinlegen, schlafen wir zwei Stunden und wachen total zertreten und desorientiert auf.

Der Dünndarm-Meridian beginnt im Yang mit dem Nichtbewerten, im Yin verfügen wir noch über die Herz-Energie mit dem Respekt. Dieses Nichtbewerten und der Respekt haben in der Praxis eine schwierige Konstellation: Sie treffen sich genau in der Zeit, in der wir essen oder schon gegessen haben.

Da unsere Essensgewohnheiten sich eher nach Geschmack, Appetit oder Hunger richten und wenig Rücksicht auf Energie nehmen, fühlen sich in dieser Stunde viele sehr erschöpft: Sie »wandeln auf einer schwachen Brücke der Energie«. Es ist die Stunde, in der die Energie dramatisch abnimmt. In Großbetrieben kämpfen viele Leute mit viel Kaffee dagegen an, nicht in dumpfen Schlaf abzusacken.

Gibt es eine »Lösung«? Lässt sich auf natürliche Art, ohne unnötigen Stress zu erzeugen, der Weg durch diese energetisch »heikle« Tageszeit erleichtern? Ein Schlüssel dazu liegt im Bewusstsein der vorhin genannten Begriffe: *Disziplin und Respekt bei der Nahrungsaufnahme* üben.

Hier zeigt es sich auch, ob wir zur richtigen Zeit schlafen gegangen sind: Denn zwölf Stunden vorher, ab 1.00 Uhr, beginnt die Yin-Kraft. Wer da erst zu Bett geht, wird jetzt müde! Wer regelmäßig etwa um 23.00 Uhr schläft, hat nun keine Probleme mit extremer Müdigkeit.

Vertrauen wir dem Körper, vertrauen wir unserer Energie, dass wir gut über die Runden kommen und alles wach erleben, ohne uns mit Aufputschmitteln »über Wasser halten« zu müssen.

Die Stunde von 14.00 bis 15.00 Uhr

Der Dünndarm-Meridian ist in der Balance.

Wenn 14.00 Uhr vorbei ist, läuft's dann wieder etwas besser. Es geht aufwärts, man sieht dem Feierabend entgegen. Dann fällt uns plötzlich ein, was wir alles noch nicht erledigt haben – aber der Feierabend ist schon in Sicht, und da wird es wieder etwas hektisch.

Hier treffen wir von dem Nichtbewerten auf die Antenne zu unserem Überbewusstsein. Eine kleine Form der Tagesrückschau passt gut in diese Stunde: Was haben wir schon gemacht, was müssen wir noch tun? Haben wir in der Zeit der Magen- und Milz-Energie (Erd-Element) am Morgen weniger weise gehandelt, kann leicht etwas Panik aufkommen. Wir merken, was wir noch schnell nacharbeiten müssen.

Der Feierabend ist bald in Sicht, und ab jetzt »geht die Zeit wieder schneller«.

Wir sind im Yang. Nochmals ein Hinweis auf das Erd-Element: Haben wir am Morgen günstig begonnen, dann kommen wir nun gut weiter.

Der späte Nachmittag zwischen 15.00 und 18.00 Uhr

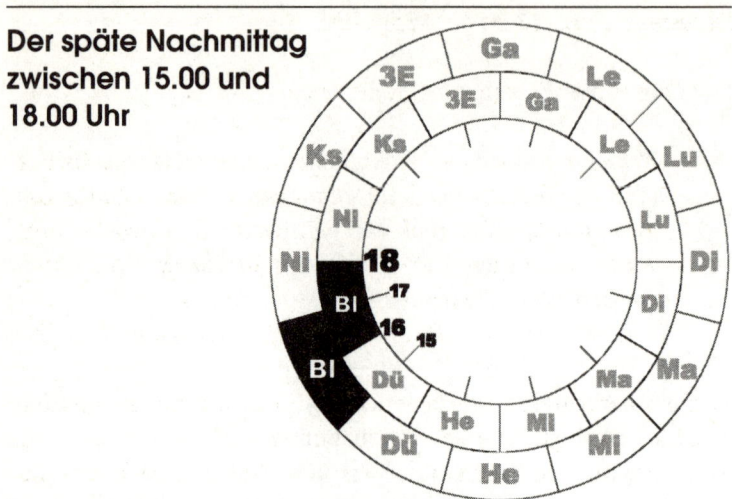

Die Stunde von 15.00 bis 16.00 Uhr

Die Blasen-Energie beginnt im Yang, die Dünndarm-Energie endet im Yin.

> *Blasenenergie + Selbstorientierung = Problem. Man macht dann irgendwie irgendwas, versucht dem Feierabend zuzustreben und seine Arbeit so weit zu erledigen, dass man dann auch gehen kann.*

Der Bezug zum Vormittag wiederholt sich, denn jetzt kommt die Selbstorientierung. Und zwar in unserem funktionellen Leben: Noch einmal wird geprüft, was heute noch zu erledigen und zu klären ist. So wird bereits für den nächsten Tag bzw. Arbeitstag vorgeplant.

Wenn der nächste Tag ein »Freie-Zeit-Tag« ist, denken und planen wir für die »Freizeit« vor – zum Beispiel in Richtung »sinnvolle Regeneration«. Die Selbstorientierung empfiehlt sich da wie dort. Am besten in dieser Stunde.

Die Stunde von 16.00 bis 17.00 Uhr

Da ist die Blasen-Energie in der Balance.

Entweder Feierabend oder Rushhour, und für das Personal in Kaufhäusern und Geschäften geht's jetzt richtig los. Die in Großfirmen und Werken arbeitende Bevölkerung, Büroleute und Beamte stürmen die Supermärkte. Endlich dem Betrieb entflohen, lockt der Kaufrausch. Vorsicht: Wie sinnvoll kaufen wir mit hungrigem Magen?

Die Selbstorientierung weitet sich aus, nicht nur in der funktionellen Energie, sondern auch zu mir selber – im Sinne von Selbstreflexion, aber auch im Sinne von Planung: »Was mache ich, wenn ich von der Arbeit nach Hause komme?« Als Hausfrau: »Was mache ich, wenn der Mann nach Hause kommt, die Kinder nach Hause kommen?«

Die beiden Aspekte der Selbstorientierung im *funktionellen* Leben und die Selbstorientierung *zu mir* kommen zusammen.

Der frühe Abend zwischen 17.00 und 20.00 Uhr

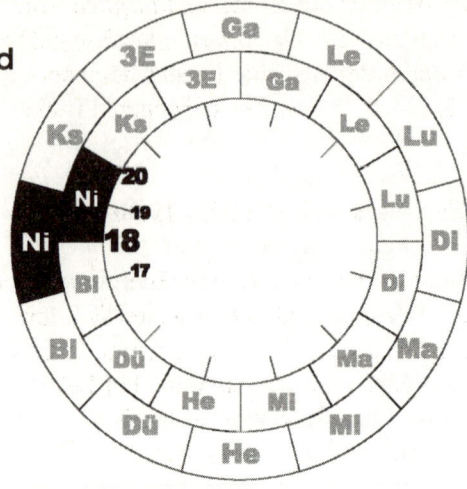

Die Stunde von 17.00 bis 18.00 Uhr

Es beginnt die Nieren-Energie im Yang, und die Blasen-Energie endet im Yin.

> *Nach Einkaufen, Verkehrsstau oder beidem geht's nach Hause, die Angestellten der Kaufhäuser allerdings erst nach 20.00 Uhr. Dort finden sie oft Haushalt, Kinder und Partner vor, und das bereitet Stress – denn die Zeit für all dies wird knapp.*
> *Ein »normaler« Angestellter, der um 16.00 oder 17.00 Uhr Feierabend hat, kann da schon etwas entspannter sein.*
> *Man sitzt bereits um 20.00 Uhr vor dem Fernseher, sieht sich die Tagesschau an, eventuell auch noch den Film danach.*
> *Der Vorsatz, ein bisschen früher ins Bett zu gehen, weil man morgens so müde aufgewacht ist, wurde bereits halb über Bord geworfen.*

Sanftheit und *Beziehungsfähigkeit* sind im Yang und werden durch die *Selbstorientierung* im Yin gefördert. Es ist die Stunde, in der widerspenstige Kinder beginnen, ruhiger zu werden, und Nähe suchen. Die Zeit der inneren Einkehr beginnt.

Die Stunde von 18.00 bis 19.00 Uhr

Hier haben wir die Nieren-Energie in der Balance. Die Sanftheit und Beziehungsfähigkeit setzen sich fort – zu mir selbst hin. Ich überblicke den Tag, um zu sehen: Was ist hier noch abzuschließen? Was muss im funktionellen Leben noch getan werden, um den Tag funktionell abzuschließen?

Der Abend zwischen 19.00 und 22.00 Uhr

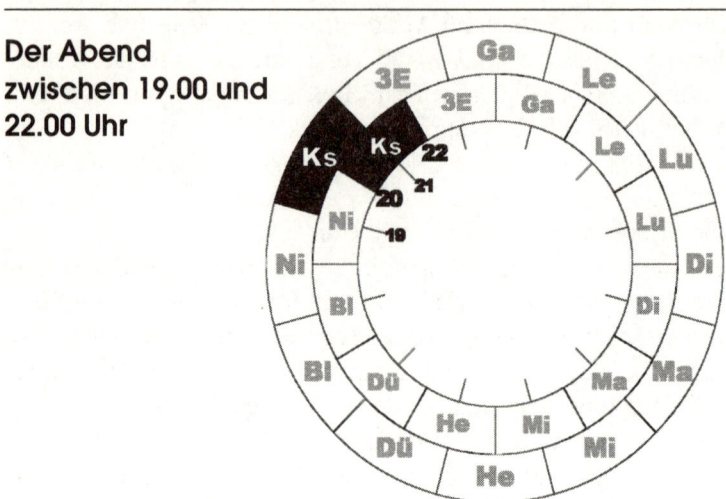

Die Stunde von 19.00 bis 20.00 Uhr

Die Kreislauf-Energie tritt im Yang auf, und die Nieren-Energie läuft im Yin aus.

Mit den Qualitäten des Kreislauf-Meridians gelangen wir in eine »größere« Tagesrückschau hinein: »Egal, was ich getan habe, ich vergebe mir selbst.« So lässt sich alles noch zu Ende bringen – und es ist gut so, es bleiben keine Reste von Ärger übrig.

Nützen wir die Gelegenheit, jetzt zwölf Stunden zurückzuschauen: Haben wir am Morgen nicht die richtigen Akzente gesetzt, baden wir die jetzt aus. Doch selbst wenn das so war, sagen wir uns: »Ich vergebe mir selbst und lerne daraus.« Der nächste Tag wird an diesem Vorabend vorbereitet.

Die Stunde von 20.00 bis 21.00 Uhr

Der Kreislauf-Meridian ist jetzt in der Balance.

 Man telefoniert mit Freunden oder bekommt einen Anruf und geht außer Haus.

Das Sich-selbst-Vergeben geht in Selbstliebe über. In der Selbstliebe begegnen wir uns selbst. Zugleich aber auch anderen: Wissen wir, dass wir uns selbst lieben, wissen wir, dass der andere sich auch liebt! Also verletze ich ihn nicht willentlich und respektiere seine Selbstliebe.

Respekt ist im Feuer-Element – im Herz-Meridian. Der Kreislauf-Meridian gehört auch zum Feuer-Element.

Der späte Abend zwischen 21.00 und 24.00 Uhr

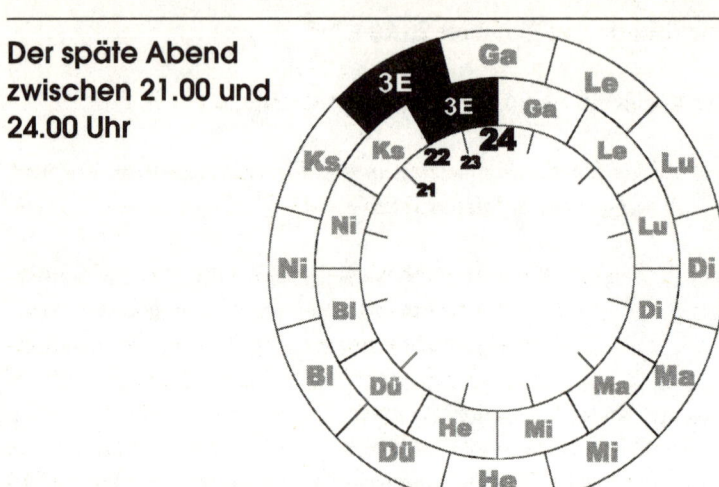

Die Stunde von 21.00 bis 22.00 Uhr

Der Dreifacher-Erwärmer-Meridian ist im Yang, die Kreislauf-Energie läuft im Yin aus.

> *Da ist man dann erst so richtig fit und sagt sich: »Na, ein bisschen spazieren gehen könnte ich ja noch.« Man trifft dann Freunde, Bekannte oder geht essen.*

Durch die Selbstliebe und den Respekt, den wir unserer Selbstliebe entgegenbringen, bahnen wir die *Balance von innen und außen.* Dies ist eine wichtige Voraussetzung für einen gesunden Schlaf und damit für einen guten Start in den nächsten Tag.

Die Stunde von 22.00 bis 23.00 Uhr

Der Dreifacher-Erwärmer-Meridian ist hier in der Balance.

> *Das ist die Zeit, in der man seine letzten Anrufe erledigt, »nur noch schnell« seine E-Mails abruft – so bis 24.00 Uhr ...*
> *Dann schaut man noch bis etwa 1.00 Uhr, was es im Internet Neues gibt, und kommt etwa gegen 2.00 Uhr ins Bett.*
> *Man schläft dann aber unruhig, hört auf seinen Herzschlag, geht aufs Klo, macht noch eine kleine Runde am Kühlschrank vorbei, es wird so 3.00 oder 4.00 Uhr sein.*
> *Man legt sich wieder nieder, träumt ein bisschen vor sich hin – 5.00 Uhr. Da sagt man sich: »Meine Güte, eine Stunde oder zwei hab' ich ja noch.«*
> *Und da erfolgt dann der Fall in diesen berühmten »bleiernen« Schlaf, aus dem man sich um 5.00, 6.00 oder 7.00 Uhr nur schwer, »bleischwer«, erheben kann.*

Die Balance von innen und außen geht über zur *universellen Liebe*. Das bedeutet: Dankbarkeit finden – für den Tag, für alles Positive und Negative darin. Eine günstige Stunde, um sich noch mit dem Partner auszutauschen.

Das bedeutet auch gegenseitiges Verzeihen und Vergeben. Wir freuen uns, dass wir zusammen sind.

In dieser Stunde wird der Schlaf angebahnt.

Die Nacht zwischen 23.00 und 2.00 Uhr

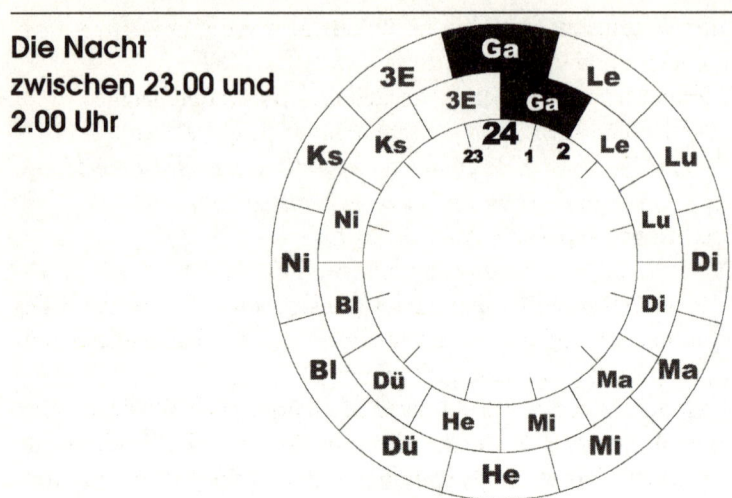

Die Stunde von 23.00 bis 24.00 Uhr

Der Gallenblasen-Meridian kommt ins Yang, der Dreifacher-Erwärmer-Meridian läuft im Yin aus.

> *Die Szenenfolge der vorher beschriebenen Stunde kann ein Hinweis darauf sein, dass die Organuhr verschoben ist. Vielleicht um drei Meridiane, das heißt dann: Für den Körper ist es nachts um 24.00 Uhr erst etwa 18.00 Uhr. Realistisch wäre es, morgens um 7.00 Uhr aufzustehen, aber unser Körper lebt noch in der Nacht, für ihn ist es um diese Zeit erst Mitternacht oder 1.00 Uhr.*
> *Das bedeutet eine Imbalance, die man sehr ernst nehmen sollte.*
> *Sie betrifft unsere Atmung, hängt mit dem Immunsystem zusammen und darum mit unserer guten Gesundheit.*

Der Gallenblasen-Meridian beginnt mit der Flexibilität im Yang, die universelle Liebe hilft dieser Flexibilität. Wir gehen schlafen

– im Wissen, dass wir am nächsten Tag wieder aufstehen müssen: leicht und unbeschwert.
Schlaf ist nicht gleich Schlaf: Hierzu verweise ich auf das spezielle Kapitel »Der richtige Schlaf zur richtigen Zeit«.

Die Stunde von 24.00 bis 1.00 Uhr

Hier ist die Gallenblasen-Energie in der Balance: Zu dieser Stunde sollten wir auf alle Fälle schon schlafen! Wir haben die Balance der *Flexibilität im Yin und im Yang*.
Im Schlaf bewegt die Atmung den Körper. Unser Körper steht nie still. Unser Blut fließt weiter, die Atmung fließt weiter, die Organe arbeiten etc., was bedeutet: »Etwas« übernimmt die Kontrolle über meine Bewegungen in meinem Körper. Daher brauche ich eine Flexibilität im Yin und Yang.

Die Nacht zwischen 1.00 und 4.00 Uhr

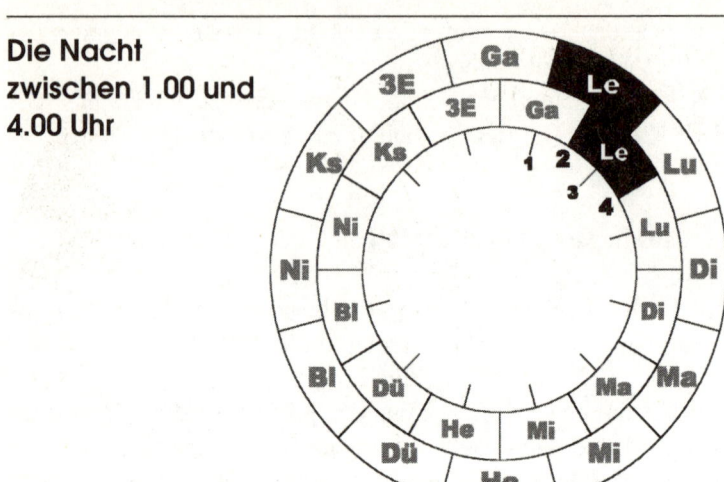

Die Stunde von 1.00 bis 2.00 Uhr

Der Leber-Meridian ist im Yang, der Gallenblasen-Meridian läuft im Yin aus.

Der Leber-Meridian hat mit *Wachstum* zu tun: Wenn wir schlafen, können wir unsere innere Bewegung nicht mehr stören.

Diesen Prozess nennen wir Regeneration, weil der Körper für sich selbst sorgt. Egal, was wir ihm an Fehlern antun, der Körper sorgt für sich selbst. Deshalb ist »der richtige Schlaf zur richtigen Zeit« wichtig, damit dieses Wachstum geschehen kann.

Die Stunde von 2.00 bis 3.00 Uhr

Der Leber-Meridian ist jetzt in der Balance.

Hier kommt zu dem Wachstum der vorigen Stunde noch die *Erneuerung*, weil der Körper in seiner Energie wächst und sich durch seine eigenen autonomen Bewegungsreflexe erneuert, seine Selbstheilungskräfte werden aktiviert und regeneriert.

Der frühe Morgen zwischen 3.00 und 6.00 Uhr

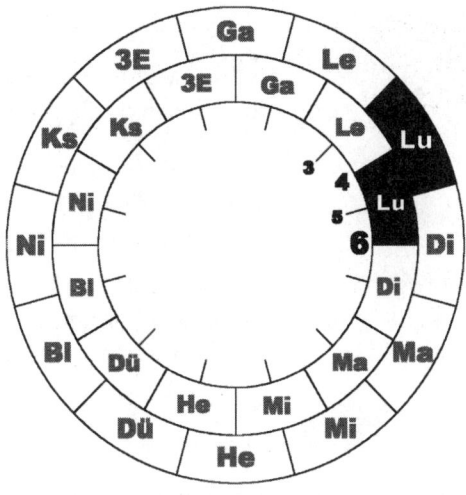

Die Stunde von 3.00 bis 4.00 Uhr

Der Lungen-Meridian ist im Yang, die Leber-Energie läuft im Yin aus.

Die Lunge beginnt mit dem *Mut*. Der natürliche Mut sammelt sich dadurch an, dass wir Selbstheilungskräfte entwickeln – das lässt sich prima selbst verfolgen. Als Auswirkung: Wir haben keine Albträume! *Albträume* deuten immer auf *Organ*imbalancen hin.

Wir haben stattdessen Träume, die unsere Erkenntnisse fördern.

Die Stunde von 4.00 bis 5.00 Uhr

Der Lungen-Meridian ist in der Balance.

Diese Stunde ist besonders heikel: Der Erdmagnetismus ist am niedrigsten.

In dieser Stunde kommen die meisten Kinder zur Welt, und die meisten Menschen machen ihren Übergang.

Es ist die Stunde, in der es auch im Sommer in der Natur am kältesten wird.
Wir haben hier den natürlichen Mut in der Balance: Der schenkt uns ein natürliches und ruhiges Erwachen.

Die Stunde von 5.00 bis 6.00 Uhr

Da beginnt unser nächster Tag.
Somit gehen wir mit den Energien durch alle Meridiane im Yin und Yang, in den Doppelstunden des 24-Stunden-Zyklus.

Anspruch und Wirklichkeit ...
Kommt Ihnen die folgende »Geschichte« irgendwie bekannt vor?

Am Vorabend wurde in einer lustigen Runde nett gefeiert. Das Aufwachen ging auf den letzten Drücker zwischen 6.00 und 7.00 Uhr, zur Arbeitsstelle stolpert sich's irgendwie. Während des Überlebenskampfes untertags sage ich mir: »Heute komm ich nach Hause und fall direkt ins Bett.« Komme ich dann nach Hause, falle ich natürlich nicht direkt ins Bett, sondern habe »nur noch ein paar Dinge« zu erledigen.
»Na ja, mit dem oder dem könnte ich mich ja kurz verabreden, ich will zwar heute früh ins Bett – aber so einen kleinen Plausch mit Freunden könnte ich ja machen.« Um 20.00 Uhr sitze ich wieder in gemütlicher Runde, rufe nach Mitternacht noch schnell meine Mails ab, die SMS vom Handy, höre den Anrufbeantworter ab und schaue noch schnell nach den Faxen, die gekommen sind ... Am nächsten Tag nehme ich mir wieder vor, früh ins Bett zu gehen ...

Unsere Lebensbedingungen schaffen wir uns oft selbst: Weil wir nie wirklich hinterfragen, dass wir uns unser »eigenes Paradies graben«. Wir sind der Auslöser für unsere Lebensumstände! Ich bin weder ein Gesundbeter noch ein Heiliger. Die obige »Story« kenne ich vielmehr von mir selbst. Ich habe aus eigenen, anstrengenden Erfahrungen etwas über die Zyklen gelernt. Ich kann Ihnen nur empfehlen, nach diesen Rhythmen zu leben. Denn wenn man sich an der Organuhr orientiert und seinen Tagesablauf damit abstimmt, geht es einem mit der Zeit spürbar besser!

Nun fehlen noch die zwei wichtigsten Meridiane, die unsere Organuhr stabil halten, das sind die Steuer-Meridiane für den Tag und für die Nacht.

Die Steuer-Meridiane für Tag und Nacht

Der Tages- und der Nachtrhythmus werden gesteuert durch den Gouverneurs- und den Zentral-Meridian: Dem *Gouverneurs-Meridian* sind die *Yang*-Energien zugeordnet, dem *Zentral-Meridian* die *Yin*-Energien.

Wenn wir unseren Tag in zwei mal zwölf Stunden halbieren, den Tag als den Zeitraum von 5.00 bis 17.00 Uhr, die Nacht von 17.00 bis 5.00 Uhr, lässt sich leicht erkennen, wie diese Steuerung funktioniert; nämlich nach dem *Polaritätsgesetz*:

- Von 5.00 bis 17.00 Uhr bewegen wir uns im Tagesrhythmus und sollten wach sein.
- Von 17.00 bis 5.00 Uhr sind wir im Nachtrhythmus und sollten einen erholsamen Abend und einen noch erholsameren Schlaf haben.

Ist unsere Meridianuhr in der Balance, geschieht dies so.

Ich werde oft gefragt: »Wenn ich Übungen am Abend mache, putsche ich mich da nicht auf?« Die Antwort ist ein Nein. Denn durch die Übungen wird der Körper energetisch versorgt und ernährt. Die körpereigene Intelligenz weiß, wie sie diese Energie am besten verwenden kann.

Es gibt bestimmte »Hauptübungszeiten«, doch generell ist es so, dass der Körper für alles Energie braucht.

Ob ich motorische Übungen, »Yang-Übungen«, im Außen mache oder Mudras, »Yin-Übungen«, im Innen – der Körper wird damit energetisch ernährt. Somit geben mir die Tag-Meridiane die Wachheit am Tag und die Nacht-Meridiane den gesunden Schlaf.

Die Steuer-Meridiane für Tag und Nacht

Der Zentral-Meridian

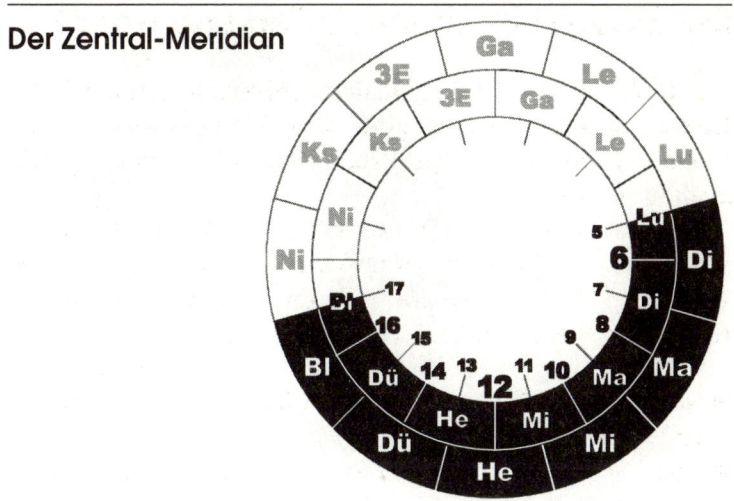

Von 5.00 bis 17.00 Uhr wirkt der *Zentral-Meridian*, weil die Energie »außen« ist. Wir bewegen uns im Äußeren in unserem *Wachrhythmus* und müssen dadurch im Inneren weniger bewegen.

Bewegen wir uns außen mehr, bewegt sich innen weniger und umgekehrt.

Der Gouverneurs-Meridian

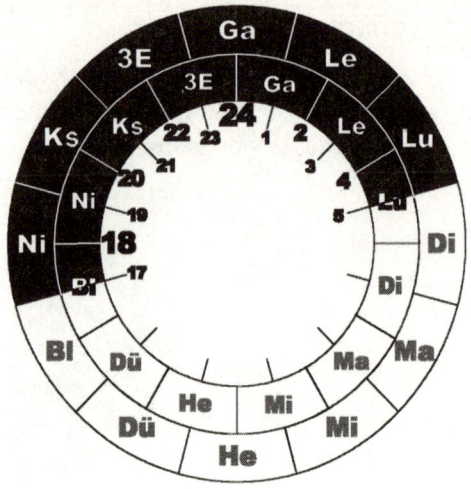

Abends und nachts, wenn der Körper sich in Ruhe befindet, übernimmt der *Gouverneurs-Meridian* die Kontrolle.

Da der Körper »außen« in Ruhe ist, schläft, muss innen eine Bewegung stattfinden. Diese innere Bewegung ist es, die vom Steuer-Meridian für die Nacht gelenkt wird. Er ist mit der Yang-Energie in Verbindung, das heißt, das bewegte Yang aktiviert meinen Körper im Inneren, während er im Äußeren ruht und schläft.

Wenn unser Gouverneurs-Meridian nachts die Steuerung übernimmt, braucht er auch Energie. Der Hinweis auf dieses wichtige Faktum ist in vielen Tao-Büchern zu finden: *Schlaf braucht Kraft!*

Auch der Gouverneurs-Meridian benötigt daher energetische Ernährung, damit der Körper die autonome Steuerung ausführen kann: eine Voraussetzung für ruhigen, regenerativen Schlaf.

Das bedeutet konkret: Nach viel Arbeit, anstrengender Freizeit, einer langen Autofahrt etc. ist es wichtig, selbst wenn wir nur drei, vier oder fünf Stunden Schlaf zur Verfügung haben, *vor dem Zubettgehen motorische Übungen* zu machen! Selbst wenn wir dabei auf 10 oder 20 Minuten Schlaf verzichten, ist es besser zu üben. In der verbleibenden Zeit schlafen wir tiefer, ruhiger und regenerieren besser.

Spezielle Anwendungen

Der richtige Mudraweg und die Balance

Wenn Sie durch Selbstdiagnose den richtigen Mudraweg finden möchten, ist die einfachste Methode wie gesagt die, *auf die Uhr zu schauen und sich nach der Uhrzeit den entsprechenden Mudraweg herauszusuchen.*

Die zweite Möglichkeit, die ich dringend empfehle, ist diese: Sie sehen sich den *Verlauf der Meridiane* auf dem Körper an – das ist auch der Grund, warum wir die Zeichnungen im Buch aufgenommen haben (siehe das Kapitel »Die spezifische Beschreibung der Meridiane«) – und gehen von dieser Betrachtung aus weiter.

Beispiel Dickdarm: Die Energie des Organs verläuft ja nicht immer an der Körperzone, in der das Organ liegt (siehe Seite 53). Der Dickdarm-Meridian entspringt am Zeigefinger, geht über die Schulter bis zu den Nasenflügeln, aber das »Organ Dickdarm« befindet sich bekanntermaßen ganz woanders.

Der Endpunkt des Dickdarm-Meridians ist der Nasenflügel: Viele Menschen haben dort zuweilen gerötete Ecken und denken spontan an Schnupfen. Das mag zwar stimmen, doch selbst wenn es »nur« Schnupfen ist, wird der Dickdarm auf alle Fälle beteiligt sein. Denn im Dickdarm sind 60 bis 70 Prozent unseres Immunsystems lokalisiert.

Die Betrachtung der Meridianverläufe verschafft uns also ebenfalls Informationen, die uns weiterbringen können.

Als Erweiterung zur zweiten Möglichkeit empfiehlt sich die Frage: »Was tut mir wann wo weh?«

Wenn Sie einen Schmerz verspüren, schauen Sie auf die Uhr und merken sich die Stelle des Schmerzes. Gegebenenfalls machen

Sie sich eine Notiz, wenn Sie das Buch gerade nicht in Griffnähe haben. Im Kapitel über die Meridianverläufe (ab Seite 46) können Sie später nachsehen und prüfen, ob der Schmerz auf einem Meridian liegt.

Sollte ein Meridian zu identifizieren sein, können Sie auch den *Mudraweg des Meridians* machen. Gewählt wird dann der Mudraweg der *Balancezeit* des Meridians.

Die oben beschriebenen Methoden zur Selbstdiagnose sind die schnellsten und einfachsten zur Auffindung der Übungen und Mudrawege.

Nach der Selbstdiagnose folgt die Balance:

- Wir haben einen Auslöser: Es tut was weh, wir wachen auf, wir werden müde etc. Dann wählen wir den Mudraweg (siehe Seite 132 ff.), der in dieser Stunde angezeigt wird. Das lässt sich gleich direkt machen, auch über mehrere Tage.
- Erzielen wir auf obige Art kein zufrieden stellendes Resultat, haben wir als Nächstes die Möglichkeit, uns die Funktion der Elemente anzusehen – unter Berücksichtigung von Versorgungszyklus und Kontrollzyklus (siehe Seite 32 ff.).

Praktische Beispiele

Ich wache nachts um 1.00 Uhr auf - was tun?

Wache ich nachts um *1.00 Uhr* auf, dann wähle ich den Mudraweg 1 (siehe Seite 132).

Von 1.00 bis 2.00 Uhr ist der Mudraweg 1 zu empfehlen.
Etwa um 1.55 Uhr fängt der Mudraweg 2 an, denn die Zeit verläuft dynamisch.
Erwache ich um 2.55 Uhr, mache ich den Mudraweg 3 usw.

Genau in der Zeit, um Punkt 2.00 Uhr, praktiziere ich natürlich ebenso den Mudraweg 2, eben zwischen 2.00 und 3.00 Uhr. Nur wenn die Uhr kurz vor einem Übergang zur nächsten Stunde steht, gehe ich in der Dynamik der Zeit vor und nehme die nächste Stunde.

Ich merke abends spezielle Beschwerden

Von der Zeit her gesehen passiert das »im« Feuer-Element (19.00 bis 24.00 Uhr, siehe Seite 21). Die »Botschaft« der Symptome könnte demnach heißen: Es besteht eine Imbalance im Feuer-Element. Dieses Element bekommt die Nahrung vom Holz (Versorgungszyklus) und wird vom Wasser kontrolliert (Kontrollzyklus). Daraus eröffnen sich folgende Möglichkeiten:

- Wenn es gerade 19.00 Uhr ist, befindet sich der »Kreislauf-Meridian in der Yang-Zeit« (siehe Seite 84).

Kreislauf ist ein *Yin*-Meridian (siehe Seite 84 und 105). Laut *Versorgungszyklus* ist daher der Yin-Weg des Holz-Elements als Balanceweg zu nehmen: die Balancezeit des Leber-Meridians (siehe Seite 32), Mudraweg 2 (siehe Seite 133).

Wählen wir den Mudraweg von *Elementen*, nehmen wir immer den Mudraweg in der *Balancezeit* (das wäre in diesem Fall [Holz] die »Überlappung« von Gallenblasen- und Leber-Meridian, also zwischen 1.00 und 2.00 Uhr, woraus sich der Mudraweg 1 ergibt).

- Wenn das zu wenig spürbaren Erfolg bringt, gehe ich im *Versorgungszyklus* ins Holz-Element *Yang* – die Balancezeit des Gallenblasen-Meridians (siehe Seite 32).
- Im *Kontrollzyklus* lassen sich die Abläufe ähnlich nachvollziehen: Feuer wird von Wasser kontrolliert.
Wieder im Yin beginnend, wäre die Balancezeit der Niere an der Reihe.
- Im *Kontrollzyklus* im Yang ergibt sich die Balancezeit des Blasen-Meridians.

Wir haben also immer mehrere Möglichkeiten, mit den Übungsfolgen (durchaus auch spielerisch!) umzugehen und selbst auszuprobieren, was uns am besten hilft. Das gibt uns dann wieder ein Feedback für unseren energetischen Zustand und eine Rückmeldung zu unseren Organen.

Stets mit berücksichtigen können wir auch die *Qualitäten* der Meridiane (siehe dazu das Kapitel »Die spezifische Beschreibung der Meridiane«).

Spezielle Anwendungen

Anwendungen bei Krankheit

Zuerst unterscheiden wir, ob eine Krankheit *akut* oder *chronisch* ist. Danach wählen wir die entsprechenden Mudrawege.

Akute Krankheiten

Bei *akuten Krankheiten* halten wir uns an die »Mittag-Mitternacht-Regel«. Das bedeutet: Krank sind wir den ganzen Tag lang, also in jeder der 24 Stunden des Tages. Trotzdem hat jede Krankheit gewisse »Schübe«. Während des Verlaufs einer Krankheit geht es uns zeitweise besser, zeitweise schlechter.

Die Uhrzeit, in der es mir am schlechtesten geht, notiere ich zwecks Festlegung des Mudrawegs! Und zwar so: Ich lege den Weg fest – und gehe in Opposition!

Beispiel:
Meine Notiz lautet: »Es geht mir abends um 19.00 Uhr am schlechtesten.«
Daraufhin zähle ich 12 Stunden dazu! Nun komme ich auf den Mudraweg von 7.00 Uhr (Mudraweg 7). Diesen Mudraweg kann ich auch durch die *Balancezeit* ermitteln. Das betrifft im Beispiel den Magen-Meridian, der im Yang anfängt, und den Dickdarm-Meridian, dessen Hauptaktivitätszeit im Yin ausläuft (ebenfalls Mudraweg 7).

Die gesamte Balancezeit der Mudra*wege* ist immer die gleiche: 12 Minuten. Nach der Haltezeit folgt eine Pause von 18 Minuten. Zusammen ergibt das genau 30 Minuten. So ist es möglich, einen Mudraweg zweimal pro Stunde zu halten: Auf diese Weise können wir über den ganzen Tag verteilt an unserer eigenen Balance arbeiten. Denn als Kranke haben wir eine Hauptaufgabe, nämlich die, gesund zu werden.

Wenn wir bei den *akuten Krankheiten* keine Schübe erkennen, schauen wir uns in dem Kapitel über die Fünf Elemente um und sagen: Meine Krankheit lässt sich diesem oder jenem Element zuordnen. (Haben wir zum Beispiel Probleme mit den Eltern [siehe Seite 25 ff.], oder ist ein Organ betroffen [siehe Seite 32]? Vielleicht leiden wir ja auch unter den klimatischen Bedingungen [siehe Seite 29].)

Von dort aus starten wir mit den Mudrawegen des Elementes im *Yang*: im selben Rhythmus wie vorhin, 12 Minuten halten, 18 Minuten Pause, also 2x pro Stunde.

Chronische Krankheiten

Bei *chronischen Krankheiten* suchen wir das passende Mudra nach einer anderen Methode. Wir gehen folgendermaßen vor:

- Die Mudras Zentrierung 1 und Zentrierung 2 (siehe Seite 122 f.) jeweils *2 Minuten* halten.
- Dann verwenden wir das *Elemente-Mudra*, dem ich diese chronische Krankheit oder diese Imbalance zuordnen kann (siehe Seite 124 bis 128).
  Das Elemente-Mudra halten wir so oft und lange, wie es unter den einzelnen Mudras angegeben ist!
- Wenn wir das Mudra gehalten haben, zum Beispiel »Metall-Element«, 7 Minuten, (mindestens dreimal täglich, Mindestabstand 7 Minuten), runden wir mit Harmonisierung 1 und Harmonisierung 2 (siehe Seite129 f.) für je 2 Minuten ab.

Das Ganze zwei- bis dreimal täglich.

Für die Haltezeiten bei chronischen Krankheiten wie für diejenigen der einzelnen Elemente-Mudras gilt: Je nach Lage der Dinge nimmt man die »normalen« Haltezeiten oder die für den akuten Fall, die jeweils bei der Beschreibung der Mudras angegeben sind.

Generell können die Mudras auch einzeln gehalten werden! Da richten wir uns nach dem »*Nutzen*« und dem »*geistigen Aspekt*« (siehe die entsprechenden Einträge auf den Seiten 122 ff.).

Diese Elemente-Mudras sind neu, daher nicht identisch mit den Elemente-Mudras des Buchs Meinen Körper in meine Hände nehmen (siehe Literaturverzeichnis).

Denn hier geht es um die Elemente in der Balance der Organuhr.

Bei Operationen, Brüchen, akuten Verletzungen

Operationen, gleich ob Organe oder Knochenbrüche betreffend, ordnen wir generell den Elementen im Yang zu. Akute Probleme ebenso. Für unsere Balance mit den Mudrawegen ergibt sich daraus das Folgende.

Akutes

Beispiel Nierenprobleme:
Nieren sind wie alle »Vollorgane« Yin, sie liegen im Innenkreis der Elemente (siehe Seite 32). Innen finden wir die »Vollorgane« Herz, Milz, Lunge, Nieren und Leber. Im Unterschied dazu befinden sich die »Hohlorgane« im Außenkreis: Dünndarm, Magen, Dickdarm, Blase und Gallenblase.

Die Vollorgane bewahren Energie länger auf, speichern sie im Falle der Nieren sogar (was trainiert werden kann!). Durch die Hohlorgane zirkuliert das Chi viel schneller. Es hat eben Yang-Charakter: mehr Dynamik im Aufnehmen, Weiterleiten und Abgeben.

In der Balance wird zuerst die Blasen-Zeit berücksichtigt, damit sich etwas bewegt – Yang: Mudraweg 16 (siehe Seite 147) wird gehalten. Das entspricht dem Blasen-Meridian in seiner Balancezeit.

Nach 18 Minuten Pause ist die Nieren-Blancezeit im Yin an der Reihe: Mudraweg 18.

Nach weiteren 18 Minuten Pause halten wir abwechselnd Blase, Niere, Blase, Niere ...

Achtung: Wenn ich mit der Blase ein Problem habe, dann mache ich das ebenso: zuerst Blasen-, dann Nieren-Balancezeit. Immer zuerst die Yang-Energie und dann die Yin-Energie balancieren.

Zur Vorbereitung auf eine Operation

Die Elemente-Mudras lassen sich effizient als Präventivmaßnahme einsetzen, wenn uns Operationen bevorstehen. So können wir die Energie in dem Element stärken, das der Operation entspricht, sind bei dem Eingriff stressfreier, und die Heilzeiten werden kürzer. Das hat sich immer wieder erwiesen! Ermittelt wird dieses Element, wie es unter »Akute Krankheiten« beschrieben wurde. Oder wir wählen nach der Organentsprechung, zum Beispiel Nierenoperation/Wasser-Element, Gallenoperation/Holz-Element, Herzoperation/Feuer-Element.

Stress nimmt uns Energie und kann unsere innere Uhr aus dem Gleichgewicht bringen: Dass wir einmal mehr und einmal weniger Angst haben, liegt am Wechsel der Energien. Wird eine Energie aktiv, in der wir schwach sind, dann ist die Angst natürlich größer. Bei Energien, bei denen »mehr Power« da ist, wird die Angst kleiner.

Da die Organuhr so oder so beteiligt ist, lässt sich's besser gezielt damit arbeiten:

- Man kann entweder auf die Uhr schauen und den entsprechenden Mudraweg wählen.
- das »Elemente-Mudra in der Balance« halten oder
- zur Balance der emotionalen Komponente, etwa bei großer Angst vor der Operation, beobachten, wann die Angst am größten ist, und speziell den Mudraweg dieser Zeit wählen.

Der Rhythmus ist immer der gleiche: 12 Minuten lang Mudraweg, 18 Minuten Pause. Mudraweg wiederholen, anschließend wieder die Pause.

Dieser Zyklus passt wie gesagt zweimal in eine Stunde.

Für die Balance nach Operationen

Für diese spezielle Situation mit Schwerpunkt Regeneration steht uns noch eine andere Vorgehensweise zur Verfügung: Wir nehmen einen Mudraweg, in dem das Element in der Balance ist. Gemeint ist das Element, das dieser Operation zugeordnet werden kann (siehe »Akute Erkrankungen« und »Zur Vorbereitung auf eine Operation«).
Wenn wir diesen Weg gehalten haben, können wir auch darüber hinaus nur das Elemente-Mudra halten. Es gelten dabei die Zeiten, die bei der Beschreibung der einzelnen Mudras angegeben sind: unterschieden nach »normaler« Haltezeit und Haltezeit für den akuten Fall.

Operationen an Extremitäten

Die Betrachtung von Operationen etc. an Extremitäten ginge über den Rahmen dieses Buches hinaus. Die Hauptstelle der Operation ließe sich zwar über die Meridian-Beschreibungen identifizieren, im Allgemeinen ist aber noch eine Fülle weiterer Informationen zu beachten: über Bein-Energie, Hüft-Energie generell oder Schultergürtel, Wirbelsäule und dergleichen mehr.
Eine erweiterte Unterstützung finden Sie zum Beispiel in meinen beiden Mudra-Büchern *Gesundheit in unseren Händen* und *Meinen Körper in meine Hände nehmen* (siehe Literaturverzeichnis).

Spezielle Anwendungen

Energetische Betrachtung zu Schmerzen und Krankheit

Wenn wir energetisch schwach sind, hat der Körper manchmal so wenig Energie, dass er Schmerz oder Krankheit nicht zeigen kann. Wir müssen wissen, dass wir Energie brauchen, um überhaupt krank zu sein!
Krankheit ist die Kommunikation meines Selbst mit meinem Körper. Sind mein Denken und mein Handeln nicht im Einklang, zeigt mir die Krankheit, dass etwas nicht stimmt.

Habe ich die Funktion der Krankheit erkannt, muss ich die Krankheit nicht mehr leben: Ich bin in der Erkenntnisfähigkeit gewachsen und »brauche« deshalb die Krankheit nicht mehr.
Das heißt nicht, dass ich ab jetzt nicht mehr krank werde, aber diese Symptome brauche ich nicht mehr, weil ich durch sie ja etwas gelernt habe.
Was lässt sich so gesehen aus immer wiederkehrenden Krankheiten schließen?
– Solange ich die »Botschaft« nicht verstanden habe, macht mich mein Körper immer wieder darauf aufmerksam, oft viele Jahre lang.

In dem Diagramm »Energieniveau und Schmerzempfinden« starten wir weit unten im unterenergetischen Bereich. Durch Übungen, Mudras, angewandte Erkenntnisse und dergleichen steigert sich unsere Energie, und wir gelangen automatisch in den Schmerzbereich: zuerst in den »Schmerz-Schmerz«-Bereich oder »unterenergetischen Schmerzbereich«. (Mit »Schmerz-Schmerz« ist derjenige Schmerz gemeint, den der Körper erst zulassen kann, wenn er die nötige Energie dazu hat. Das fühlt sich *unangenehm* an. Es ist der peinvolle Schmerz. Der, den wir möglichst schnell loswerden wollen.) Über der Nulllinie erreichen wir den »balancierenden Bereich«.

Energetische Betrachtung zu Schmerzen und Krankheit

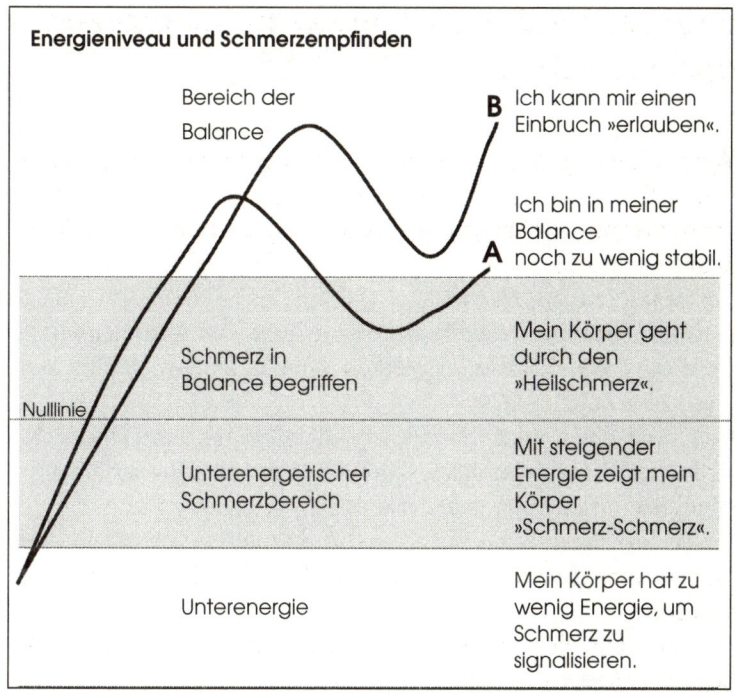

Es ist schwierig zu erkennen, ob es sich um »Schmerz-Schmerz« handelt oder ob sich der Schmerz schon auf der balancierenden Seite befindet. Generell zeigt Schmerz nämlich nicht nur eine Krankheit an, sondern eben auch *Balance*!

Wenn wir den Schmerzbereich passiert haben, sind wir zunächst auf der Ebene »Balance« (A): Dort ist der Körper im Gleichgewicht und schmerzfrei.

Sollte etwas in unser Leben treten, das uns stresst oder uns nicht bekommt, kann es sein, dass dadurch der Energiepegel wieder in den Schmerzbereich sinkt. Was liegt näher, als gerade dann erneut etwas für die Balance zu tun, um dort wieder herauszukommen?

Leben wir bereits in der Ebene der »höheren Balance« (B), können wir uns solche Einbrüche eher »leisten«, denn wir geraten nicht sofort wieder in diesen Schmerzbereich hinein und können von einer anderen Basis aus die Balance wieder aufbauen.

Und diese »höhere Balance« kennt viele Stufen: die haben einen Anfang – aber kein Ende!

Noch einmal will ich Ihre Aufmerksamkeit auf folgenden Sachverhalt zurücklenken: *Schmerz braucht Energie!* Ebenso gilt: *Krankheit braucht Energie!*

Über eine realistische Betrachtung dieser Art gelangen wir zu der Frage: »Was kostet es meinem Körper, einen Schmerz *konstant* zu produzieren?«

Chronische Schmerzen dauern oft Jahre und Jahrzehnte. Das bedeutet: Der Körper bringt jeden Tag die Energie auf, um die »Schmerzlinie« aufrechtzuerhalten.

Um dies zu ermessen, lade ich Sie dazu ein, mir in ein Bild zu folgen:

Man stelle sich vor, es solle eine bestimmte Maschine gebaut werden. Es ist ein Automotor, der mit Diesel läuft, mit Super, mit Wasser, mit Salatöl etc. Er muss mit allem zurechtkommen. Der Motor läuft immer. Jahrelang. Jahrzehntelang. Jetzt nehme ich, mal gerade so, einen großen Vorschlaghammer und haue in den laufenden Motor hinein, und egal, was ich da zerhaue, der Motor läuft immer weiter.

Eine solche Maschine gibt es natürlich nicht. Die Motoren, die wir kennen, bleiben stehen, wenn sie derart beschädigt werden. Manchmal auch schon bei weit geringeren Anlässen …

Bei unserem Körper ist das anders. Der kann über Jahre und Jahrzehnte Schädigungen hinnehmen und damit leben. Was wir ihm auch antun, er versucht auszugleichen, auszugleichen, auszugleichen – bis es irgendwann eben nicht mehr geht. So gesehen erscheint es als Gnade, wenn uns der Körper durch Krankheiten und Schmerzen zeigt: Bitte ändere da etwas! *So* »laufe ich nicht rund«.

Bei der *Balance durch Energie* geht es im Allgemeinen nicht um das »Wegmachen« von Schmerzen (Ausnahme Notfall). Vorrangig sollten wir auf eine energetische Ebene gelangen, die über das übliche Schmerzdenken hinausgeht: so, dass ich *weiter*denke und auch *um*denke kann. Auf dass ich andere Blickpunkte einnehme und weniger Krankheiten und Schmerzen entwickle, um meine Erkenntnisfähigkeiten zu erweitern.

»Es ist so, dass wir bestimmte ›Sollbruchstellen‹ in unserem Körper haben. Die Auslöser für die ›Brüche‹ an diesen Stellen sind unterschiedlich. Verschiedene Auslöser wirken immer wieder auf dieselben Sollbruchstellen! Die Wiederholung der Körpersignale, die auf die Schwachstellen hinweisen, hat auch einen guten Grund. In diesem Fall: Frau K. kennt ihre Migräne. Sie kann es sich in der Migräne einrichten, schlecht oder recht, und sie weiß das. Daher ist es ihr etwas Vertrautes!

Hätte sie stattdessen heute Migräne, morgen Hüftbeschwerden, übermorgen Asthma, darauf folgend eine Allergie, sodann Magenbeschwerden und einen Tag darauf Herzbeschwerden, jeden Tag eine andere Symptomatik, dann würde sie das Vertrauen in ihren Körper verlieren.

…

Oft sprechen wir von ›Rückfall‹ – den gibt es nicht! Es gibt immer nur neue Fälle, die sich auf altbekannte, schon prädestinierte Systeme auswirken.« (Aus der Fallanalyse von Frau K., siehe auch Seite 215 ff.)

Viele Krankheiten verursachen wir durch unser Verhalten selbst. Oft wissen wir das. Was uns zur Veränderung fehlt, ist Energie, mit der sich unser Körper wieder in seine natürlichen Zyklen einfügen kann.

Einen Zustand außerhalb der persönlichen »Balance« nennen wir »Imbalance«.

Bedenken wir bitte, dass manche Imbalancen, auch wenn sie gerade eben aufgetaucht sind, vielleicht schon vor zehn, fünfzehn oder gar zwanzig Jahren ausgelöst wurden! Imbalancen fallen nicht strafend vom Himmel auf uns herab, sie sind von uns selbst vorbereitet.

Haben Sie schon einmal versucht, auf einem Seil Balance zu halten? Dann werden Sie sich daran erinnern, wie anstrengend das ist. Zwinge ich – oft unwissentlich – meinen Körper dazu, sich allzu lange außerhalb des »ökonomischeren« Balancezustandes stabil zu halten, kostet das viel Energie. Oft *zu* viel.

Bei vielen Menschen erlebe ich, dass *chronische Zustände Teil des Lebens* geworden sind – mit der Folge, dass sie ihre Imbalancen gar nicht mehr bemerken!

Niemand kann für uns üben oder Mudras halten – *wir müssen hier selbst aktiv werden*, wenn wir den Nutzen schöpfen wollen. Der kurze Weg durch den Schmerzbereich sollte uns da nicht abschrecken können.

Es ist ein *Weg*!

Das Gehen eines Weges braucht seine Zeit und ein gewisses Maß an Ausdauer. Stellen wir bitte *Jahre* des Krankseins *Tagen* oder *Wochen* des Mudrahaltens gegenüber – und geben uns selbst etwas Zeit, Erfahrungen mit diesen »körpereigenen« Mitteln bzw. Methoden zu gewinnen.

Deshalb ist ein fundamentaler Aspekt das *Verstehen* der eigenen Imbalancen und das *Lernen* daraus.

Balance ersetzt nicht den Arzt!

Die hier aufgezeigten Methoden dienen der Balance und der *Unterstützung verschiedener Therapien*.

Die Übungen und die Mudras stören nicht! Weder verordnete Medikamente noch homöopathische Behandlungen noch laufende Therapien werden dadurch gehindert.

Wir arbeiten immer mit der *Energie des Körpers*.

Sind wir krank, dann brauchen wir medizinische Hilfe und Betreuung.

Versuchen Sie bitte nicht, *nur* mit Erkenntnissen aus diesem Buch zu arbeiten!

Sollten sich durch die Anwendung der hier beschriebenen Methoden Symptome bessern, so ist das erwünscht. Es ist nicht die Absicht des Buches, Medikamente oder ärztliche Heilkunst zu ersetzen.

Die Organuhr in der Praxis

Richtig essen zur richtigen Zeit

Diesen Titel trägt mein Buch, das schon vor zehn Jahren erstmals erschienen ist. Es geht in diesem Buch darum, dass wir nicht jedes Lebensmittel willkürlich und jederzeit essen sollten.

Und zweitens: Mit unserem Essen sollten wir so verfahren, dass wir die wichtigste Energie, die wir überhaupt brauchen – die der Atmung –, am wenigsten schädigen.

Ich will hier nur kurz darauf eingehen, um die wichtigsten Regeln aufzuzeigen:

Generell unterscheiden wir drei Phasen (diese drei Phasen sind eine »grobkörnige« Einteilung):
1. die *Ausscheidungsphase* von 5.00 bis 12.00 Uhr,
2. die *Aufnahmephase* von 12.00 bis 19.00 Uhr und
3. die *Verarbeitungsphase* von 19.00 bis 5.00 Uhr.

Wer also ein kräftiges Frühstück zu sich nimmt mit Brot, Butter, Wurst, Käse, Müsli, Eiern, Milch, Trockenfrüchten, Marmelade etc., setzt morgens schon seine Energie außer Kraft.

Bitte bedenken wir: Das Metall-Element (Lunge/Dickdarm) ist zur normalen Frühstückszeit, zwischen 7.00 und 8.00 Uhr, noch nicht weit genug entfernt (siehe Seite 21). Indem wir Körner und Körnerprodukte essen, also auch Brot, Brötchen oder Müsli, belasten wir unsere Atmung.

Eine weitere Tatsache ist: Wer abends spät noch isst, und dazu noch möglichst viel, hat morgens früh dramatisch Hunger. Genaueres finden Sie im Buch *Richtig essen zur richtigen Zeit* (siehe Literaturverzeichnis).

Da sich unser Körper *morgens* in der Ausscheidungsphase befindet, sind zu dieser Tageszeit flüssige Speisen besser geeignet: vorzugsweise grüner Tee, Suppe oder etwas Ähnliches.

Frisches verträgt man am besten *zwischen 10.00 und 12.00 Uhr.* Generell sollten wir wissen, dass Frisches den Körper viel Kraft kostet. Damit meine ich: Die Menschen, die viel Frisches brauchen, haben nicht die Kraft, um es zu verdauen, und die, die Kraft hätten, brauchen es eigentlich nicht.
Wir sollten nicht öfter als zwei- bis dreimal pro Woche Frisches zu uns nehmen – und dann aber allein!
Das heißt: nur Äpfel essen oder nur Birnen etc. Es geht also darum, dass man nicht alles jeden Tag haben muss. Es lässt sich leicht einteilen, jeden Tag etwas anderes zu sich zu nehmen.

Mittagessen: Der Salat sollte, wenn, dann vor dem eigentlichen »Hauptgang« gegessen werden.
Generell gilt: *nichts Frisches nach 14.00 Uhr!* Frisches wird später nicht mehr richtig verdaut. Es bleibt im Körper »liegen«, gärt und bildet Alkohole und Aldehyde. Diese schädigen wichtige Funktionssysteme: Die Alkohole belasten die Leber, die Aldehyde können sich besonders negativ auf die Hypophyse auswirken. Letztere steuert die Hormone und integriert das Gehirn.

Dann erwähne ich noch die wichtigsten *Allergieauslöser,* die wir besser meiden sollten: *Paprika, Tomaten* und *Kiwi.*
Besonders wichtig ist es mir, auf die Substanzen hinzuweisen, die unsere *Nebennieren aus der Balance* bringen (siehe die Beschreibung des Milz-Meridians auf Seite 62). »Stimulanzien«, die die Nebennieren schädigen, sind eher *Genuss-* als *Nahrungs*mittel. In Notzeiten ersetzen solche Substanzen das Geld als Währung: Daran merkt man, dass es Suchtauslöser sind, denn der Süchtige gibt alles dafür!
Da steht an erster Stelle *Zucker,* der die Nebennieren und die Atmung schädigt. Gleich dahinter rangieren *Kaffee, Alkohol* und *Tabak,* die für dieselben Systeme schädlich sind.

Milchprodukte sind für kleine Kinder da – und für kleine Tiere. Ist ein Kind älter als zwei Jahre, muss man es, was die Ernährung betrifft, als »erwachsen« betrachten.

Erwachsene sollten Milch und Milchprodukte meiden, weil sich durch deren Verzehr Schleimstoffe bilden, die die Atmung behindern.

Käse ist trocken und enthält viele Salze. Dadurch entzieht er dem Körper Wasser.

Damit wären wir beim wichtigsten Punkt: *Wasser trinken*! Ich empfehle jedem, 2 Liter Wasser am Tag zu sich zu nehmen.

Wasser, nicht »Flüssigkeit«!

Denn alles, was nicht Wasser ist, zählt als Nahrungsmittel, weil es vom Körper erst umgewandelt werden muss. Das gilt auch für Fruchtsäfte und ähnliche Getränke.

Wer *Brot und Körner* zu sich nehmen möchte, sollte das am besten *nachmittags* und gegen Abend tun, in der »Nieren-Zeit« zwischen 17.00 – 19.00 Uhr.

Es ist günstig, zwischen 18.00 und 19.00 Uhr die letzte Mahlzeit zu sich zu nehmen, damit der Körper in die *Verarbeitungsphase* gehen kann. Wir sollten unseren Organismus nicht vor dem Schlafengehen noch mit Nahrungsmitteln belasten. Der Körper hat genug damit zu tun, sich selbst zu bewegen.

Der richtige Schlaf zur richtigen Zeit

Laut Organuhr sehen wir zur Zeit der Ratte (siehe Seite 109) den Gallenblasen-Meridian aktiv, zwischen 23.00 und 1.00 Uhr. Die ideale Zeit zum Schlafen ist die von 23.00 bis 5.00 Uhr:

Wenn wir kurz vor 23.00 Uhr zu Bett gehen, haben wir noch zwei Stunden Yang-Energie (siehe die Übersicht auf Seite 105). Begeben wir uns um zirka 22.30 Uhr zu Bett und schlafen kurz vor 23.00 Uhr bereits, dann wirkt diese natürliche Yang-Energie stimulierend auf den Gouverneurs-Meridian!

Ab 1.00 Uhr haben wir vier Stunden Yin. Das heißt, die Energie »begibt sich zur Ruhe«, und der Erdmagnetismus geht seinem niedrigsten Punkt entgegen – den er morgens um 5.00 Uhr erreicht.

Um 5.00 Uhr kommt die Yang-Energie wieder in die Organuhr – mit der Stunde des Hasen und der Zeit des Dickdarm-Meridians. Das ist der Zeitpunkt des *natürlichen* Erwachens.

Nach diesen sechs Stunden Ruhe wären wir dann frisch und munter! Bedauerlicherweise sieht der Schlaf-Wach-Rhythmus bei den meisten Menschen jedoch ein bisschen anders aus.

Der »richtige Schlaf zur richtigen Zeit« ist deswegen wichtig, weil er uns die optimale Ruhe gibt.

Gehen wir statt um 23.00 Uhr erst um 24.00 Uhr zu Bett, sieht unser Schlaf anders aus. Es ist dann nicht so, dass wir von 24.00 Uhr bis 6.00 Uhr schlafen müssten, um das gleiche Maß an Ruhe zu bekommen. Wir müssten bis 7.00 Uhr schlafen! Also eine Stunde länger.

Gehen wir hingegen erst um 1.00 Uhr ins Bett, dann reicht es nicht, bis 7.00 Uhr zu schlafen: Um jetzt denselben Effekt zu bekommen wie von 23.00 bis 5.00 Uhr, müssten wir bis 11.00 Uhr schlafen! Also zirka vier Stunden länger.

Warum? – Wenn wir um 1.00 Uhr ins Bett gehen, kommen wir um 5.00 Uhr in die nächste Yang-Zeit, die von Magen- und Dickdarm-Meridian zwischen 5.00 und 9.00 Uhr. Ob wir dann vier Stunden Yang aushalten? Da wird der Schlaf schon etwas unruhig und »gesunder« Schlaf schwierig.

Kennen Sie das »Ausschlafen am Sonntag?« Wir schlafen ewig lange und sind erst recht nicht ausgeschlafen.

Wie es dazu kommt: Wenn unser Körper zu lange liegt und sich nicht bewegt (weil er ja ruht), dann lässt irgendwann die Yang-Kraft des Gouverneurs-Meridians nach und mit ihm die autonomen Bewegungsreflexe. Unser Körper kann sich autonom nicht mehr so bewegen, dass er sich optimal regeneriert.

Was bedeutet: Wir liegen länger im Bett, wachen auf und fühlen uns wie zerschlagen.

Können wir uns noch in einem natürlichen Zyklus befinden, wenn wir müder aufwachen, als wir ins Bett gegangen sind?

Wollen wir optimal ausgeruht sein, sollten wir es uns so einrichten, dass wir mit der Organuhr die Möglichkeiten ausschöpfen, den richtigen Schlaf in der richtigen Zeit zu nutzen. An diese sechs Stunden zwischen 23.00 und 5.00 Uhr als Schlafenszeit kann man sich gewöhnen!

Tipp: Man muss sich am Anfang nicht gleich um 5.00 Uhr aus dem Bett zwingen, sondern geht zuerst auf 6.30 Uhr, dann 6.00 Uhr, und geht immer weiter zurück, weil der Körper vielleicht ein »Schlafnachholbedürfnis« hat. Im Laufe der Tage und Wochen wird es automatisch kürzer.

Was ich damit sagen will: Wenn Sie Ihre Schlafenszeiten energetisch optimieren wollen, geben Sie sich die nötige Zeit zur Anpassung.

Wie schon beschrieben wurde, brauchen Schlaf und Ruhe Kraft. Das ist altbewährte Tao-Wissenschaft und keine »neumodische Erfindung«!

Deshalb ist es günstig, abends oder vor dem Schlafengehen die drei motorischen Übungen zu machen (siehe Seite 114 ff.). Oder eine davon, auch in höherer Wiederholungszahl.

Damit sorgen wir dafür, dass der Gouverneurs-Meridian genügend Kraft hat, unsere autonomen Bewegungsreflexe aufrechtzuerhalten.

Die *autonomen Bewegungsreflexe* bewegen den Körper während des Schlafes so, dass er regeneriert. Funktionieren diese autonomen Bewegungen gut, baut sich daraus unser Selbstheilungsreflex – unsere Selbstheilenergie – auf.
Das heißt: Egal, was ich am kommenden Tag tue, ich habe mehr Energie, als der Körper durch seine Tätigkeiten verbraucht! Das Ganze nennt man Selbstheilung.

Krankheit und Verletzungen nehmen dem Körper Energie. Daher ist gerade der Schlaf sehr wichtig: Im Schlaf bewegt der Körper sich in seinem, ihm angeborenen, eigenen Rhythmus, damit er die Energie bekommt, die ihn am besten überleben lässt.

Der Körper nimmt jeden Fehler, den wir ihm antun, hin und versucht, solange es nur irgendwie geht, zu kompensieren und auszugleichen. Irgendwann, wenn wir ihm zu viel Schaden zufügen, kollabiert er.
Der »Schlaf in der Zeit« ist mit das Wichtigste, um solchen Entwicklungen gegenzusteuern.

Zivilisationskrankheiten

Seit es unsere »Zivilisation« gibt, treten auch die »Zivilisationskrankheiten« auf, die den natürlicher lebenden Menschen unbekannt sind. Unsere Zivilisation schreitet voran, also werden weiter Menschen von diesen Krankheiten bekriegt werden, die bis jetzt verschont blieben.

Ich will hier keine Betrachtung anstellen, wer etwas daran verdient, dass Menschen krank sind. Tatsache ist jedoch:

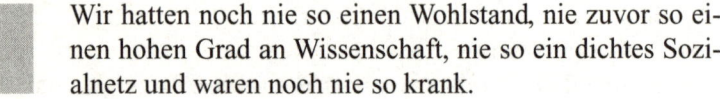

Wir hatten noch nie so einen Wohlstand, nie zuvor so einen hohen Grad an Wissenschaft, nie so ein dichtes Sozialnetz und waren noch nie so krank.

Das verdanken wir unter anderem *»Trends«,* die die natürliche Dynamik der Organuhr stören. So wie neue Trends neue Krankheiten mit sich bringen, bringen sie auch »alternative« oder »ganzheitliche« Balancemethoden, die die negativen Folgen des Trends kompensieren.

In Kurzform: Der Trend macht uns krank, die neuen Balancemethoden (etwa bestimmte Heilverfahren oder auch Medikamente) stabilisieren uns – *für* die Kompensation, gegen den gesunden Menschenverstand. Der scheint uns immer öfter abhanden zu kommen.

Ein Beispiel aus jüngster Zeit: die hohen Schuhsohlen, die plötzlich überall aufgetaucht sind.

Der Mensch hat verschiedene Gelenke am Fuß, an den Zehen, und die haben einen Sinn. Aus der Akupunkturlehre wissen wir, dass die Hälfte unserer Akupunkturmeridiane an den Füßen entspringt oder endet.

Wir müssten unser Schuhwerk also so wählen, dass sich die Zehen und die Zehengelenke beim Gehen auch bewegen können. Die Meridianpunkte an den Zehen und die Akupunktursysteme, die zwischen den Zehen sitzen, werden durch das Gehen bewegt.

Die dadurch aktivierten *Gangkoordinationsreflexe* haben wichtige Funktionen:
Wenn das rechte Bein vorgeht, schalten bestimmte Muskelgruppen auf der linken Seite ab, damit das Voranschreiten rechts stabilisiert wird, dito ist es umgekehrt. Ohne dieses Zusammenspiel könnten wir nicht gerade gehen.
Es gibt also so etwas wie einen geraden Schritt, einen Vorwärtsschritt, einen seitlichen Schritt und die verschiedenen Koordinationen der Muskelgruppen rechts und links.
Durch die Aktivierung der Gangkoordinationsreflexe erhalten wir Energie, die die Beine hochgeht ins Becken. Die Energie vom Becken mündet in die Wirbelsäule und gelangt zum Kopf. Das Ganze wird dann durch das Atmen synchronisiert. Diese Energie ist wichtig für das Funktionieren unserer Organuhr.
Gehen, Atmen und Stärkung der Knochen, Muskeln, Sehnen, Organe gehören zusammen!

Wenn jetzt durch die besagten Schuhe die Bewegung der Zehenknochengelenke nur noch teilweise gewährleistet ist oder in einer nicht mehr dem Körper adäquaten Weise geschehen kann, verzichten wir auf diese Energie. Damit schwächen wir den ganzen soeben genannten Verbund von Körperteilen!
Am Anfang ist es eben »nur« weniger Energie. Sie äußert sich vielleicht in Konzentrations- oder Koordinationsschwäche, emotional labileren Zuständen. In weiterer Folge entstehen Imbalancen im Becken, dann in den Organen, die sich im Becken befinden, in der Wirbelsäule, im Schultergürtel ... Und das alles infolge eines modischen Trends.

Als kleine Anekdote: Vor zwanzig Jahren war es in der Energielehre klar: Absätze sollten so niedrig wie möglich sein, um dem Fuß das Abrollen zu erleichtern.
Als Trend in die andere Richtung kamen daraufhin alternative Schuhe ohne Absatz auf den Markt, bei denen die Ferse sogar niedriger als der Fuß war.

Hohe Schuhsohlen und Absätze sowie negative Absätze von damals beeinflussen das Gehen, stören die natürliche Statik der Wirbelsäule und gehen gegen die Energie unserer Organuhr.

Müsste uns der gesunde Menschenverstand nicht raten, unsere Beweglichkeit beim Gehen durch die Schuhe *optimal zu unterstützen,* statt zu behindern?

Jetlag

Egal, in welche Himmelsrichtung wir fliegen, ob dem Tag entgegen nach Osten oder nach Westen, Süden oder Norden – wir wissen die Ankunftszeit!

Den *Mudraweg der Ankunftszeit* am Zielort halten wir, während wir im Flugzeug sitzen: vier- bis achtmal oder öfter mit einem Mindestabstand von 4 Minuten zwischen den Durchgängen.

Beim Rückflug machen wir es ebenso, ermitteln über die Ankunftszeit den entsprechenden Mudraweg und verfahren nach derselben Prozedur.

Generell empfiehlt es sich, beim Langstreckenflug in andere Zeitzonen viel zu trinken!

Die Luftfeuchtigkeit im Flugzeug ist sehr niedrig. Der Kabinendruck entspricht nicht dem Normaldruck auf der Erde, sondern entspricht einem auf 3000 bis 4000 Meter Höhe reduzierten Druck (in Flughöhen zwischen 10000 und 12000 Metern Höhe). Anders gesagt: Wir sind permanent in einer »anderen Höhe«.

Das Trinken unterstützt die Atmung, mit der besseren Atmung kann sich die Organuhr leichter umstellen.

Was sollten wir trinken? Alkohol merkt man eigentlich oben in luftiger Höhe weniger, aber wenn man gelandet ist, schlägt er dann doppelt zu. Deswegen sollte Alkohol sehr mäßig, am besten gar nicht, getrunken werden.

Es gibt seit Jahrzehnten viele Betrachtungen über den Jetlag. Ich mache seit fast vierzig Jahren Fernreisen und kann aus meiner Erfahrung sagen:

- *Am besten ist es, Wasser zu trinken und wenig zu essen!*

Die Hälfte der Balance eines Jetlags ist Disziplin. Unsere Reiseunternehmen machen es möglich, dass quasi jeder in ein Flugzeug steigt und fast alle Orte der Welt bereist. Dass unsere Meridiane nicht so schnell »mitfliegen« wie das Flugzeug dies schafft, ist bekannt – unsere innere Uhr verstellt sich. Dieses Phänomen, dem man bisher nicht so recht auf die Spur gekommen ist, nennen wir »Jetlag«.

Unsere Organuhr ist häufig schon zu Hause »wacklig«. Der Zustand wird bei Zeitverschiebungen in anderen Ländern eher schlimmer.

Ein Beispiel:
Ich habe eh schon mit Kopfschmerzen und Migräne zu kämpfen und verreise dann – meine Meridiane verstellen sich noch mehr!

Die Kopfschmerzen nehmen zu, mein Tag-Nacht-Rhythmus kommt völlig durcheinander. So kann in schneller Folge mein Darm auch aus der Balance geraten. Symptome tauchen auf, die dem Körper Pein und Peinlichkeiten bereiten. Das heißt: Mein ganzer Urlaub ist eine einzige funktionelle Störung! Und ich komme zu dem Schluss: Wäre ich daheim geblieben, hätte ich nicht nur Geld gespart, sondern mich in diesem Urlaub besser regeneriert und meine Gesundheit unterstützt.

Damit diese Verschlimmerung nicht eintritt, ist es wichtig, wie oben erwähnt die Mudras der Ankunftszeit zu halten.

Indem sich die Organuhr durch die verschiedenen Zeitzonen verschiebt, werden die Zeiten der regelmäßigen Einnahme von Medikamenten für die betreffenden Personen auch mitverschoben. Ein Grund mehr, darauf zu achten, dass die innere Uhr in der Balance ist. Sonst nehmen wir die Medikamente zur falschen Zeit ein!

Krank machende Einstellungen

Schüler und Schulzeiten

In den fünfziger Jahren wurden die Schüler mit den Jahreszeiten eingeschult: Die Schule begann nach Ostern, im Frühling. In der Zeit, in der man die Saat ausbringt und die Pflanzen anfangen zu wachsen, begann für die Schüler der Unterricht; Wissen und Bildung wuchsen mit.
Gegen den Sommer hin steigt die Yang-Energie an, das Lernen und der Fortschritt des Lernens werden gefördert. Im Juni/Juli geht das Yang wieder in das Yin über, da wird das Lernen gefestigt und kommt vor Weihnachten zu einem gewissen Abschluss. Nach Weihnachten wurde dann das Schuljahr beendet. Ab Februar, März und April ging es wieder los.
So war das mit den Lehrstellen auch. Man fing im April an zu lernen.

In der heutigen Zeit beginnt das neue Schuljahr nach den Sommerferien: *In einer Zeit des Niedergangs und des Abschlusses beginnt etwas Neues!* Unsere Kinder lernen auf diese Weise »gegen die Zeit«. Denn die Zeit und die Bewegung »gehen zu Ende«. Es ist die Zeit des Herbstes, der Vollendung, des Reifens, es ist Erntezeit.
Anstatt zu ernten, müssen sich die Schüler etwas Neues aneignen. Sie lernen also antizyklisch.

Auch das beweist wieder, dass Menschen Strukturen schaffen, aber nichts über Lebenszyklen wissen. Sie kreieren etwas, das mit der Energie von vornherein nicht in der Balance ist. Etwas, das uns das Leben schwer oder uns sogar krank macht.
Tatsächlich erleben wir den Zyklus der Jahreszeiten im Kleinen praktisch auch am Tag: Es geht mit der Yang-Kraft morgens um 5.00 Uhr los – den Vormittag setzen wir als Frühling. Mittags herrscht das Feuer-Element – der Sommer.

Nachmittags neigt sich die Zeit – das entspricht dem Herbst. Und um 17.00 Uhr beginnt dann die »Nacht-Zeit« – der Winter.

Die Schule beginnt morgens. Das entspricht der Energie des Tages. Es ist bekannt, dass Nachmittagsunterricht im Allgemeinen schwerer fällt, in der Sommerzeit noch mehr. Viele Lehrer können das bestätigen und reagieren, indem sie den Unterricht etwas auflockern. Wenigstens im Tagesverlauf wird der Organuhr im Schulsystem also in gewisser Hinsicht Rechnung getragen.

Der Unsinn der Sommerzeit

Im Jahr 1980 wurde in Westeuropa die Sommerzeit eingeführt. Das Hauptargument dafür hieß: Wir müssen Strom sparen. Es hat sich allerdings längst herausgestellt und ist auch offiziell bewiesen, dass damit gar nichts gespart wird. Im Gegenteil – die Umstellung *kostet* sogar noch Geld.

Statt die Sommerzeit nun endlich abzuschaffen, wird sie verlängert. Mittlerweile schon auf sieben Monate. Die Sommerzeit ist somit ein staatlich verordneter Jetlag!

Ohne jede Ahnung von Zyklen wird diese Aktion durchgesetzt, die frontal *gegen die Volksgesundheit* geht. Wir müssen einen vom Staat verordneten Jetlag hinnehmen und uns irgendwie damit arrangieren. Das Argument, es sei »ja nur eine Stunde«, ist unhaltbar: Unsere Uhr geht eben um eine Stunde falsch! Viele Mütter haben dadurch erhebliche Probleme mit ihren Kindern, besonders wenn diese noch im Säuglingsalter sind.

In Ländern, in denen man um die energetischen Zustände im Zusammenhang mit dem Tagesablauf weiß – in ganz Asien zum Beispiel –, würde man so etwas wohl nie mitmachen: Wenn ich meinen asiatischen Freunden sage, dass unsere Regierung das anordnet, ist es für sie unbegreiflich. Würde es der Klerus anordnen, zum Nutzen für besseres Meditieren oder Beten, wäre die Befolgung auch für sie keine Frage.

Alle Dinge, die von Menschen ohne das Wissen um zyklische Abläufe »gemacht« werden, hindern das Wachstum, die Entfaltung und die Natürlichkeit. Wir sind ein Teil von allem, sind darin eingebettet.

Wir sind ein Teil von Jahreszeiten, der Energie der Pflanzen, wir sind ein Teil der Erde und ein Teil dieses Sonnensystems.

Ich möchte hier mit aller Nachdrücklichkeit noch einmal sagen, dass die Sommerzeit wirklich *nur* negative Seiten hat und unglaublich viel Schaden anrichtet!

Nach zwanzig Jahren, in denen sich längst herausgestellt hat, wie viele Nachteile die Sommerzeit bringt, sollte sie sich doch auch wieder abschaffen lassen ...

Urlaub wider die Natur

Sechs Monate lang steigt unsere Energie an, indem sie den Jahreszeiten folgt. Das Yang, die bewegte Kraft, nimmt zu. An ihrem »höchsten Punkt« schlägt das um, und die Yin-Kraft beginnt zuzunehmen.

Denken wir in Polaritäten weiter, wissen wir: Wenn schließlich das Yin am höchsten ist, schlägt es um, und die Yang-Kraft wächst.

In der Symbolik des Tai-Chi-Zeichens (siehe Seite 16) haben wir dieses Prinzip bereits angesprochen.

Die größte Yin-Kraft wirkt zwischen Mitte November bis Mitte Dezember. Um den 22. Dezember setzt das Yang wieder ein und erreicht seinen Höhepunkt zwischen Mitte Mai bis Mitte Juni. Um den 22. Juni nimmt erneut die Yin-Kraft zu, bis sie wieder ihren höchsten Stand ab November erreicht.

In diesem Monat zwischen Mitte November und Mitte Dezember ist also die größte Kraft des Yin wirksam: Das ist die Zeit der Stille, der meditativen Einkehr, der Ruhe, der Besinnlichkeit, der Rückschau und aller Yin-Tätigkeiten.

Wir verhalten uns jedoch zunehmend gegenläufig: Statt Ruhe und Besinnlichkeit zu suchen, verbrauchen wir unsere Energie auf Weihnachtsfeiern, mit »Geschenkestress«, und dergleichen mehr. Der Ernährungsstress in dieser Zeit tut das Seine dazu.

Im Sommer wiederum, wenn das Yang am ausgeprägtesten ist und wir die »größten Bewegungen« machen könnten, »relaxen« wir im Liegestuhl!

Stattdessen sollten wir im Urlaub regenerative Tätigkeiten unternehmen, die sich nach dem Zyklus der Jahreszeiten richten und uns tatsächlich stärken. Denn wie viele von uns kommen etwa nach zwei Wochen Strandurlaub *wirklich* erholt und mit neuer, klarer geistiger Ausrichtung zurück, mit der sie ihr funktionelles Leben im normalen Tag und Tagesablauf wieder neu kreativ beleben können?

Frau K. – eine Fallanalyse

Am 12. März 2000 schickte mir Frau K. einen Faxbrief mit der Auflistung biografischer Daten. Ich hatte sie zuvor gebeten, mir ihre »symptomatischen Lebenssituationen« zwecks fundierterer Diagnose genauer zu beschreiben.

Dass daraus ein Modellfall zur Einbindung in dieses Buch werden würde, ist für mich selbst eine Überraschung.

Lassen Sie sich bitte von der Komplexität der Bearbeitung nicht aus der Balance bringen – sie ist nicht zum kurzfristigen Nachvollzug gedacht. In der Betrachtung der Einzelthemen schöpfe ich aus dem vollen Spektrum der im Buch erwähnten Zyklen, Elemente, Meridiane, Gesetzmäßigkeiten.

Bedenken Sie bitte, dass ich schon Jahrzehnte in diesen Thematiken arbeite und deshalb Zusammenhänge schneller zu knüpfen vermag. Erfassen Sie einfach intuitiv, wie sich hier eins ins andere fügt.

Um die Bearbeitung klarer nachvollziehbar zu gestalten, habe ich sie wie folgt gegliedert:

- Am Anfang finden Sie die chronologische und nummerierte Reihung der einzelnen Daten aus dem Brief.
- Eingerückt steht mein Kommentar zum Themensatz.
- Im Anschluss lesen Sie meine Rückmeldungen zu einzelnen Symptomatiken.
- Zu guter Letzt folgen die Zusammenfassung und mein Rat zur Balancierung.

Der Brief von Frau K.

Lieber Herr da Silva!

Hier wie abgesprochen die Fakten zu meiner Person.
Frau K., geb. 25. 10. 1939 um 11.30 Uhr in H.
Sternzeichen Skorpion, Aszendent Schütze, Mond zwischen Widder und Fischen.
Verheiratet mit U. seit dem 22. 09. 1961.
Eine Tochter, geb. 16. 03. 1962.
Enkeltochter, geb. 10. 03. 1981.

Meine Tochter wurde mit 16 Jahren drogenabhängig, deshalb haben wir die Enkeltochter großgezogen.

Mit 14 Jahren bekam ich die erste Periode und damit fing die Migräne an.

Ich hatte mit 11 Jahren in einem Kinderheim ein vorpubertäres Erlebnis (eigentlich sehr harmlos), wo man mich aber wie einen Verbrecher behandelte, und ich durfte 6 Wochen nicht mit den anderen spielen. Dieses Erlebnis bescherte mir eine gestörte Sexualität und ich denke, dass das mit der Auslöser meiner Migräne war.

Mein Vater war Alkoholiker, und wenn ich später Alkohol trank, bekam ich auch Migräne.

Seit ca. 12 Jahren hilft mir das Mittel Imigran, die Symptome zu bekämpfen. Die Migräne ist fast immer auf der rechten Seite. Ich hatte mit 42 Jahren beim Tennisspiel einen Bänderriss, rechts, und ein paar Jahre später eine Knieverletzung, auch rechts.

Vor ungefähr 15 Jahren wurde Osteoporose festgestellt, was sich mit starken Rückenschmerzen, wenn ich auf dem Rücken lag, äußerte.

Die Migräne zeigt sich fast immer, wenn ich morgens wach werde, ca. 3 bis 4 Tage vor dem Vollmond, auch bei Neumond und bei Wetterveränderung.

Ich werde immer zwischen 4.00 und 5.00 Uhr wach, schlafe höchstens 6 Stunden, mit Unterbrechungen, wo ich wach werde. Der Schlaf ist unruhig. Ich kann aber gut einschlafen, nur nicht durchschlafen.

Meine Träume sind manchmal sehr intensiv, fast immer habe ich mich verlaufen und suche den Weg, oft in einem Hotel oder Krankenhaus, manchmal auch in einer Landschaft, aber ich kenne niemanden. Tagträume sind auch da, und da bin ich immer irgendwo in fremder Umgebung, bei fremden Menschen, weiß aber nie, was das soll, und wenn ich ganz wach bin, ist alles weg, auch die Erinnerung.

Leide unter kalten Füßen und feuchten Händen.

Ich kann gut aufstehen und bin fit bis mittags, ab ca. 13.00 Uhr baue ich ab, und um 19.00 Uhr falle ich von der Couch. Am Nachmittag bekomme ich auch fast nichts mehr geregelt.

Habe Ängste in der Dunkelheit, gehe dann kaum raus, wenn ich es vermeiden kann.

Auf beiden Ohren habe ich sehr hohe Frequenztöne (Zischen), habe deshalb immer das Radio oder den Fernseher an, denn bei Stille werden die Geräusche lauter.

Rechter Gleichgewichtsnerv ist nicht mehr messbar. Wenn ich flach auf dem Boden liege oder nach oben gucke, Drehschwindel.

Bei körperlicher Anstrengung sehr starke Schweißbildung.

Ständig brennende und müde Augen.

Seit Sommer 99 schlimme brüchige Fingernägel, es wurde aber kein Mangel festgestellt.

Schlafe fast nur auf der rechten Seite, weil mich die lauten Herztöne stören, überschlägt sich oft.

Muss häufig Wasser lassen, und trotz viel Sport habe ich Probleme, es zu halten.

Ich denke, nun habe ich so ziemlich alles aufgelistet, und falls mir noch was einfällt, weiß ich ja, wohin ich es schicken muss.

Viel Erfolg bei Ihrer Arbeit.
Ihre K.

Chronologisch geordnete biografische Daten von Frau K.

(1)

25. 10. 1939: Geburt, Geburtszeit 11.30 Uhr
Sternzeichen Skorpion, Aszendent Schütze, Mond zwischen Widder und Fischen.

- Aus der Sicht der Tierkreiszeichen der chinesischen Astrologie: geboren im Jahre des Hasen, als Aszendent das Pferd, der Geburtsmonat wird beherrscht vom Schwein.

- Hase ≙ Dickdarm-Meridian, Pferd ≙ Herz-Meridian, das Schwein ≙ Dreifacher-Erwärmer-Meridian.

- Dickdarm ≙ *Metall-Element:* Als Jahreselement wird es Frau K. lange erhalten bleiben, also es ist bis jetzt noch vorhanden, und zwar aus der Balance.

- Der *Dickdarm-Meridian* hat die Qualitäten des Annehmens und Loslassens. Der Aszendent, der *Herz-Meridian,* hat die Liebe ohne Bedingungen.
Es ist schwierig, Liebe ohne Bedingungen zu leben, wenn wir uns im Metall-Element befinden: Das Metall-Element beschäftigt sich mit Beziehungen! Die richtige Distanz in der Beziehung fördert das In-Bezug-Treten. Wenn aber diese richtige Distanz fehlt, ist es schwer, Liebe ohne Bedingungen zu leben.
Viele Menschen fragen mich, was denn »Liebe ohne Bedingungen« sei. Bedingungen spielen sich im Alltag ab, sie äußern sich in kleinen Nebensätzen wie zum Beispiel: »Na, *mir zuliebe* könntet ihr ja auch mal spazieren gehen.« »*Mir zuliebe* könntet ihr ja auch mal abwaschen.« Oder – wenn wir jetzt vom Metall ausgehen –: »Ich habe schon so viel getan, jetzt könnt ihr ja auch mal ...« etc.

- Die Bedingung wird nur angedeutet, aber nie wirklich klargestellt!

- Tierkreiszeichen Schwein: *Der Dreifacher-Erwärmer-Meridian,* eine sehr hohe Energie im Feuer-Element, ist insofern problematisch, weil es hier um die universelle Liebe und um die Balance innen und außen geht. Fühlt man sich im Inneren wohl, stört einen das Äußere, fühlt man sich im Äußeren mal wohl, dann stört einen das Innere: Es entsteht so eine ständige »Hick-hack«-Situation! Die universelle Liebe käme der Liebe ohne Bedingungen entgegen: Liebe ist ein Feld, das sich immer erweitern kann, indem ich es betrete. Diese Liebe wird auf ähnliche Weise wie die Struktur der Offenheit erweitert: Ich mache sie nicht kleiner, wenn mir etwas nicht passt, und mache sie nicht größer, wenn mir etwas passt. Auch diese Liebe braucht eine gewisse Strukturierung.

- In ihrem Sternzeichen, im westlichen, ist sie Skorpion, Aszendent Schütze.
  Mond zwischen Widder und Fischen hat folgenden Bezug: Beim Aszendenten vollzieht sich der Yin-Übergang zwischen *Milz-Meridian* und Herz-Meridian. Dadurch ist der Mond »stark«, wie der Astrologe sagt.

- Liebe ohne Bedingungen auf der einen Seite (Herz-Meridian), Kontrolle auf der anderen Seite (Milz-Meridian) bedeutet: Einerseits will man lieben, andererseits wird versucht, anderes und andere zu kontrollieren. Nimmt die Kontrolle überhand und wird einem alles zu viel, lockt der »Fluchtpunkt«: »Ich hab euch ja gelassen.« Das ist aber keine Liebe ohne Bedingungen.

- Der *Mond,* eine Lichtsekunde von uns entfernt, übt eine

starke Anziehung auf die Erde aus, insbesondere auf das Wasser.
Des Weiteren hat er einen Einfluss auf die *Ionisation* (siehe Seite 110) – eines der wichtigsten Energiesysteme, um die Organuhr in die Balance zu bringen.
Hat der Mond im Leben Frau K.s diesen starken Einfluss, dann ist die Ionisation »kritisch«. Die Ionisation ist für viele kleine und größere Zipperlein und Wehwehchen in unserem Leben verantwortlich. Sie sind schwer in die Balance zu bringen.
In unserer modernen Medizin ist es möglich, mit der Operationstechnik wahre Wunder zu vollbringen. Angesehene Mediziner sagen aber, es sei oft nicht möglich, kleine funktionelle Beschwerden nachhaltig aus einem Körper zu verbannen. Und gerade diese kleinen funktionellen Beschwerden hängen zu einem hohen Prozentsatz (geschätzt 80 Prozent) mit der Ionisation zusammen.

Das Metall-Element, unter dem Frau K. geboren wurde, ist ihr Hauptelement. Im Rad der Fünf Elemente sollte es das Wasser-Element versorgen.
Hat das Metall-Element wenig Energie und der Mond übt zusätzlich auf das Wasser eine Anziehung aus, versucht Letzteres aus dem Metall noch Energie herauszuziehen, statt sich versorgen zu lassen: Damit haben wir zwei Elemente, die richtige Probleme machen!
Wie wir weiter sehen werden, begleitet Frau K. dieses kritische Verhältnis zwischen Metall und Wasser bis zum heutigen Tag.

(2)
1950 bis 1951: Im Alter von 11 Jahren war Frau K. in einem Kinderheim und wurde dort sechs Wochen von den anderen Kindern getrennt. Sie durfte nicht mit ihnen spielen.
Sie sagt, das Erlebnis hätte ihr eine gestörte Sexualität be-

schert (Wasser-Element), »und ich denke, dass es mit der Auslöser für meine Migräne war« (Metall-Element).

Zwei Elemente stehen im Fokus, die mit dem Thema »Beziehung« zu tun haben:
Im *Metall-Element* muss Distanz da sein, sonst können wir nicht in Beziehung treten. Wenn sie also am Kontaktaufnehmen gehindert wird, entspricht das einer Störung.
Beim Metall-Element können wir aus der richtigen Distanz heraus jeden Tag neu, auch mit Vertrautem, in Beziehung treten.
Im *Wasser-Element* haben wir generell alle Beziehungen, in jeder Form.
Beziehung fängt mit der Beziehung zu mir selbst an!
Diese Form ist eine Qualität des Kreislauf-Meridians im Feuer-Element.
Betrachten wir nochmals die Konstellation der Meridiane zur Geburtszeit:
Aszendent: Pferd, Herz-Meridian auf der Yin-Seite. Der Kreislauf-Meridian im gleichen Element auf der Yin-Seite. Geburtsmonat: Die Yang-Energie des Dreifacher-Erwärmer-Meridians dominiert. Sie steht der Yin-Energie des Kreislauf-Meridians gegenüber.
Wir werten Energien, mit denen wir geboren sind, weder als »positiv« noch als »negativ«. Sie sind einfach da! Lernen wir sie verstehen, können wir den besseren Umgang mit ihnen pflegen.
Unser Leben verläuft in Zwölfjahreszyklen. Kurz vor Beendigung des ersten Zwölfjahreszyklus hatte Frau K. dieses Erlebnis im Kinderheim.

(3)

1951 bis 1952: Mit zwölf Jahren hatte Frau K. bereits Migräne, immer auf der rechten Seite. Die Symptomatiken von damals zeigen sich bis heute und haben sich zugespitzt.

> Die rechte Hirnhälfte ist der »Intuition« zugeordnet: Die Intuition ist nicht begrenzt, ist Yin, ist ein unüberschaubar großes Feld.
> Die ersten zwölf Jahre im Leben eines Menschen bestimmen, wie er sich mit seiner Umwelt zurechtfindet.
> Mit vierzehn Jahren, mit der ersten Periode, fing die Migräne so richtig an. Mit zwölf Jahren nahm sie schon Migränemittel, mit vierzehn hat sich dann die Migräne verstärkt. Warum?
> Die Periode findet im *Wasser-Element* statt. Das Wasser-Element beinhaltet die sexuelle Energie. Wird das schwache Wasser-Element noch schwächer, versucht es natürlich noch mehr Energie aus dem Metall herauszuziehen!
> *Die Migräne ist ein Symptom des Metall-Elements!*

Als Nächstes schreibt sie: »Die Migräne zeigt sich fast immer, wenn ich morgens wach werde, ca. 3 bis 4 Tage vor dem Vollmond, auch bei Neumond und bei Wetterveränderung.« Und: »Ich werde immer zwischen 4.00 und 5.00 Uhr wach.«

> Das ist die Stunde mit dem geringsten Elektromagnetismus, die Stunde, in der die meisten Kinder geboren werden und die meisten Menschen sterben, also eine kritische Zeit.
> Und wieder das Metall-Element!
> Der Lungen-Meridian hat seine Aktivität von 3.00 bis 5.00 Uhr. Um 5.00 Uhr beginnt die Phase des Dickdarm-Meridians im Yang.
> Zur Erinnerung: Frau K. ist im Jahr der Dickdarm-Meridian-Energie geboren worden.

(4)
1961: Kurz vor ihrem 22. Geburtstag hat Frau K. geheiratet. Sie war zu dieser Zeit schwanger und brachte in ihrem 23. Lebensjahr, am 16. 3. 1962, ihre Tochter zur Welt.

Der erste Zwölfjahreszyklus ist die Szenerie, in der wir »ins Leben hinaustreten«. Im zweiten Zyklus, von 13 bis 24, vollzieht sich unser Lernen in Schule, Ausbildung, Beruf. Ab 24 beginnt der »Ehe-Zyklus«.
Alle drei Zyklen haben eins gemeinsam: Die Energie ist nach außen gerichtet! Wir reagieren verstärkt auf äußere Reize.
Bei Frau K. ist das, was sie bis heute begleitet, von dieser Außenwelt deutlich bestimmt worden. Die Außenwelt trat in bestimmende Korrespondenz mit ihren inneren, angeborenen Energien.

(5)

1978: »Meine Tochter wurde mit 16 Jahren drogenabhängig, deshalb haben wir die Enkeltochter großgezogen.« Als die Tochter sechzehn war, war Frau K. 39 Jahre alt.

Im vierten Zwölfjahreszyklus geht es ums Festlegen des Weges der inneren Arbeit. Die bis dahin gewonnenen Erfahrungen stammen aus Zyklen, die sich praktisch nur im Äußeren bewegt haben.
Diese Erfahrungen sollten mit 36 *abgeschlossen* werden. Denn nun heißt es, den Weg nach innen, der inneren Energie, der Erkenntnis, den Weg der inneren Arbeit festzulegen.
Diese Arbeit kam auf sie zu, indem sie sich mit ihrer Tochter auseinander setzen musste.

(6)

1981: Die Enkeltochter wurde geboren. Frau K. war 41 Jahre alt, sie stand im 42. Lebensjahr, in der Mitte ihres vierten Zyklus.

Wird die Energie des vierten Zyklus nicht richtig verwendet, folgt oft die berühmte Krise: die Midlife-Crisis.
Da ja die Tochter drogenabhängig war, hat Frau K. die Enkeltochter aufgezogen. Denken wir an die Konstitution

zwischen Metall- und Wasser-Element: Egal, was im Leben passiert – wenn wir die Distanz im Metall-Element nicht haben, betreffen uns Dinge immer direkt.
Wir können Situationen nicht mehr kühl beurteilen. Mit »kühl« meine ich hier: weniger mit Emotionen beladen.
Wir können darin häufig ausgeprägt »praktisch« sein, auch über andere bestimmen. Insofern hat Frau K. das Metall-Element, das nicht in der Balance war, durch diese Lebenskrisen getragen! Und da das Wasser-Element »dünn« ist, kann es auch gar nicht erst groß mit irgendwelchen Gefühlsduseleien behängt werden: Da wird einfach durchgegriffen, kontrolliert, gehandelt, getan!
Manchmal können uns gewisse Imbalancen nützlich sein! Energien, die uns in ihrer Vollständigkeit fehlen, können uns helfen, kritische Lebenssituationen zu meistern.

(7)
1982: Mit 42 erleidet sie beim Tennisspielen einen Bänderriss rechts, ein paar Jahre später eine Knieverletzung – auch rechts.

Eine etwas weiter ausgreifende Erklärung dazu: Als die Tochter drogenabhängig wurde und die Enkeltochter zur Welt kam, ist Frau K. mehr auf die linke Gehirnhälfte gerutscht, in die Analytik, die Logik.
Da hieß es: »Und ich mache das jetzt.« Praktisch-analytisches Handeln war angezeigt!
Dadurch ist die linke Hirnhälfte in die »Über-Energie« gegangen. Die linke Hirnhälfte steuert die rechte Körperseite: Somit wurde die rechte Körperseite unterenergetisch. Und immer da, wo keine Energie ist, passiert etwas.

Die *Knieverletzung:* In der Kniekehle und an den Knieseiten befindet sich ein wichtiges System des Wasser-Elements, oberhalb der Kniescheibe ebenfalls. Die Knie haben immer etwas mit dem Wasser-Element zu tun.

Dieses Element begleitet Frau K. schon ihr Leben lang. Diese Kombination zwischen Analytik und Logik und das Vorgehen in der Logik wurde schon gebahnt: Spätestens ab dem Zeitpunkt, als die Enkeltochter in ihr Leben trat, wahrscheinlich aber schon früher.
Zwischen Bahnung und Auswirkung liegt oft eine lange Zeit.
Auch ein »plötzlicher« Unfall, wie der Bänderriss beim Tennisspielen, kann nur dann passieren, wenn lange Zeit in bestimmten Systemen keine Energie mehr ist!
Mit dem eintretenden Unfall wird diese Unterenergie als Imbalance vollzogen.
Dasselbe gilt für »plötzlich« von heute auf morgen auftretende Krankheiten.

Anmerkung:
Tennisspielen ist eine Sportart, die Homolateralität, also die Einseitigkeit des Gehirns, fördert. Das heißt: Bin ich bereits dominant in einer Hirnhälfte, dann wird durch diese Sportart die Dominanz noch mehr herausgefordert. In diesem Fall war das praktisch unausweichlich. – Die linke Hirnhälfte war ohnehin schon in der Über-Energie, hat der rechten Seite die Körperenergie entzogen, die Folgen waren die genannten Unfälle.

(8)
1985: Osteoporose wird festgestellt.

Frau K. befindet sich im 45./46. Lebensjahr – der vierte Zwölfjahreszyklus dauert bis zum Beginn des 49. Lebensjahrs.
Osteoporose hat damit zu tun, dass das rote Knochenmark langsam grau und der Knochen nicht mehr belebt wird.
Der Auslöser liegt in der Atmung, also im *Metall-Element*.

Einzelne Symptome aus Frau K.s Biografie:

(9)

Träume: Sie verläuft sich oft, kennt niemanden, ist meist in einer fremden Umgebung mit fremden Menschen, weiß auch nie, was sie da soll.

Das ist das typische Bild eines Metall-Elements, das nicht in der Balance ist! Es gibt ja auch Elemente- oder Energie- und Traumbild-Beziehungen.

(10)

»Schlafe fast nur auf der rechten Seite, weil mich die lauten Herztöne stören.«

Auch das gehört zum *Metall-Element*. Hat das Feuer-Element nicht genügend Luft zum Brennen, muss das Herz mehr schlagen. Mangelhafte Atmung ruft solche Herztöne, Extrasystolen etc. hervor. Die Atmung hängt mit dem Lungen-Meridian im Metall-Element zusammen.

(11)

»Habe Ängste in der Dunkelheit, gehe dann kaum raus, wenn ich es vermeiden kann.«

Ängste in der Dunkelheit sind ein prädestiniertes emotionales Symptom im *Metall-Element!* Schon wieder. Oft können Kinder im Dunkeln nicht schlafen. Eine kleine Kinderbeleuchtung mit schwacher Lampe erleichtert die Orientierung, falls das Kind aus schlechten Träumen erwacht.

Um jetzt *Atmung* begreifbarer zu machen: Es geht um mehr als das einfache Ein- und Ausatmen.

Wir haben an verschiedenen Stellen unseres Körpers Luft: In der ayurvedischen Medizin in Indien werden 48 Hauptluftarten und 700 Untergruppen unterschieden. In der taoistischen Medizin werden 72 Hauptluftarten eingeteilt.

(12)
»Mein Vater war Alkoholiker, und wenn ich später Alkohol trank, bekam ich auch Migräne.«

Klarer Fall: Alkohol wirkt auf das *Wasser-Element:* Das Wasser-Element wird schwach und entzieht dem Metall die Energie, die Migräne folgt als Signal des Mangels.
Es ist so, dass wir bestimmte »Sollbruchstellen« in unserem Körper haben. Die Auslöser für die »Brüche« an diesen Stellen sind unterschiedlich. Verschiedene Auslöser wirken immer wieder auf dieselben Sollbruchstellen!
Die Wiederholung der Körpersignale, die auf die Schwachstellen hinweisen, hat auch einen guten Grund. In diesem Fall: Frau K. kennt ihre Migräne. Sie kann es sich in der Migräne einrichten, schlecht oder recht, und sie weiß das. Daher ist es ihr etwas Vertrautes!
Hätte sie stattdessen heute Migräne, morgen Hüftbeschwerden, übermorgen Asthma, darauf folgend eine Allergie, sodann Magenbeschwerden und einen Tag darauf Herzbeschwerden, jeden Tag eine andere Symptomatik, dann würde sie das Vertrauen in ihren Körper verlieren.
Jeder Mensch würde das so empfinden. Der Suizid wäre wohl nicht mehr ausgeschlossen ...
Oft sprechen wir von »Rückfall« – den gibt es nicht! Es gibt immer nur neue Fälle, die sich auf altbekannte, schon prädestinierte Systeme auswirken.

(13)
»Bei körperlicher Anstrengung sehr starke Schweißbildung.«

Das *Wasser-Element* ist schwach. Es übt als kühles Element eine kontrollierende Funktion auf das Feuer-Ele-

ment, das heiße Element, aus. Infolge seiner Schwäche kann es nicht so gut kühlen, wie es nötig wäre.
Daher gibt es bereits bei relativ geringen Anstrengungen Schweißbildung oder bei körperlicher Anstrengung starke Schweißbildung.

(14)
»Leide unter kalten Füßen und feuchten Händen.«

Bei Frau K. haben die kalten Füße mit dem Feuer-Element zu tun.
Der Bezug ist wiederum dieser: Feuer brennt nur mit Luft.
Eine gute Atmung macht ein leichtes Herz, und das wirkt sich dann auf die kalten Füße aus.
Generell gilt: kalte Füße – Wasser-Element, kalte Hände – Feuer-Element. Bei Frau K. ist es jetzt so, dass die kalten Füße über die Atmung und das Feuer-Element hervorgerufen werden.
Die feuchten Hände hängen wieder am *Wasser-Element*: Kaum werden die kalten Hände ein bisschen warm, werden sie schon vom Wasser-Element gekühlt. Das Wasser-Element (das nicht in der Balance ist) tritt zu früh ein, daher gibt es feuchte Hände.

(15)
»Rechter Gleichgewichtsnerv ist nicht mehr messbar. Wenn ich flach auf dem Boden liege oder nach oben gucke, Drehschwindel.«

Es gibt in unserem Körper mehr Gleichgewichtssysteme als nur die Gleichgewichtssysteme im Ohr, im Innenohr.
Und es gibt mehrere Systeme, die diesen Schwindel hervorrufen. Auch der erwähnte Gleichgewichtsnerv hängt mit dem *Wasser-Element* zusammen.

Und jetzt kommt etwas Neues: Der Drehschwindel ist Folge einer Imbalance des *Erd-Elements!* Das ist so zu erklären: Das Erd-Element übt Kontrolle auf das Wasser-Element aus. Es *sollte* eigentlich kontrollieren. Das schwache Wasser-Element hingegen entzieht der Erde Energie, die Kontrolle vermindert sich, Schwindelzustände folgen.

(16)
»Seit Sommer 99 schlimme brüchige Fingernägel, es wurde aber kein Mangel festgestellt.«

Das hängt ebenfalls mit dem *Erd-Element* zusammen: Wir haben das Erd-Element bereits früher mit dem »starken Mond« und dem Kontrolle-Ausüben als Qualität des *Milz-Meridians* erwähnt.
Es ist schwierig, einen Mangel von Mineralien oder Spurenelementen festzustellen, wenn es sich um energetische Symptomatiken handelt.

(17)
»Auf beiden Ohren habe ich sehr hohe Frequenztöne (Zischen), habe deshalb immer das Radio oder den Fernseher an, denn bei Stille werden die Geräusche lauter.«

In der taoistischen Medizin wird die Verbindung zwischen Organen und Sinnesorganen beachtet: Das Sinnesorgan der Niere ist das Ohr.
Das *Wasser-Element* (Nieren-Meridian) wirkt sich energetisch in der Funktion unserer Sinne aus. Durch das schwache Wasser-Element entstehen die oben genannten Symptome.

(18)
»Muss häufig Wasser lassen, und trotz viel Sport habe ich Probleme, es zu halten.«

> Beim Sport werden viele Körpersysteme trainiert. Auf der Linie Nabel-Damm-zweiter Lendenwirbel hingegen trainieren wir im Allgemeinen wenig. Um dieses Wasser unter Kontrolle zu bekommen, sollten spezielle Übungen gemacht werden.

(19)
»Ständig brennende und müde Augen.«

> Nochmals eine Organ-Sinnesorgan-Verbindung: Die Augen werden dem *Holz-Element* (Leber-Meridian) zugeordnet. Feuer brennt mit Holz. Und Feuer brennt nur mit Luft. Das *Feuer-Element* fanden wir schon als Geburtsenergie: im Geburtsmonat den Dreifacher-Erwärmer-Meridian, im Aszendenten den Herz-Meridian.
> Selbstverständlich spielt das Holz für die Versorgung dieses von Anfang an im Vordergrund stehenden Feuer-Elements eine wichtige Rolle.

(20)
»Ich kann gut aufstehen und bin fit bis mittags, ab ca. 13.00 Uhr baue ich ab, und um 19.00 Uhr falle ich von der Couch. Am Nachmittag bekomme ich auch fast nichts mehr geregelt.«

> Um 13.00 Uhr beginnt die Dünndarm-Energie aktiv zu werden. Der Dünndarm-Meridian ist im Yang, der Herz-Meridian im Yin. Das Feuer-Element zeigt sich hier so an: In dem Moment, wo das organische Feuer, Herz/Dünndarm, mittags aktiv wird, wird Frau K. müde, und die Dynamik lässt nach. Um 19.00 Uhr, wenn das »geistige Feuer«, das energetische Feuer des Kreislauf-Meridians, aktiv

wird (Kreislauf-Meridian in der Yang-Zeit), »fällt sie von der Couch«.

So lassen sich Symptomatiken über die verschiedenen Regelfunktionskreise um die Organuhr »einfach« erklären.

Mein Bericht an Frau K.

Liebe Frau K.!

Alles, was sich in Ihrem Leben abgespielt hat und noch abspielt, ist mit wenigen Energiesystemen verbunden, die seit ihrer Geburt wirksam sind: In erster Linie dreht es sich um das Dreieck: *Metall* unterstützt Wasser – *Wasser* kontrolliert Feuer – *Feuer* kontrolliert Metall.

Manchmal schwingt die Erde so ein bisschen mit durch, die ja das Wasser kontrolliert. Hin und wieder das Holz als Nahrung für das Feuer. Letztere sind Randerscheinungen.

Das *Hauptelement* und der *Auslöser* für alles ist das *Metall-Element*!

Nochmals kurz zusammengefasst:

- Dem Metall-Element ist die Atmung zugeordnet.
- Die gute Atmung funktioniert über die Ionisation.
- Die Ionisation wird durch den Mond beeinflusst.
- Der Mond beeinflusst unser Wasser-Element.
- Damit schließt sich der Kreis.
- Unser Leben hat eine Struktur. Und wenn wir von »Schicksal« reden, ist es wichtig, unsere Energiesysteme zu kennen. Damit kennen wir deren Auswirkungen.
- Alles, was Ihnen im Leben passiert ist, geht vom Metall-Element aus.

Was lässt sich tun, um das Metall-Element »freundlicher zu stimmen«?
Die Balance können wir in *drei Ebenen* angehen:

1. *Ernährung* zuerst: Alles, was die Atmung verschlechtert, sollte reduziert werden! Das größte Atemgift ist Zucker. Des Weiteren auch Milchprodukte, die auf das Immunsystem und den Dickdarm einen Einfluss nehmen. Kaffee verhindert ebenfalls das gute Arbeiten der Atmung.
Zucker, Kaffee und Alkohol haben nicht nur einen Effekt auf das Metall-Element, sondern gleichzeitig auf die Nebennieren.
Diese sind dem Feuer-Element zugeordnet und nicht weit weg vom Herzen. Werden die Nebennieren heiß, heizen sie das Herz zusätzlich an. Damit haben wir gleich zwei Auslöser über die Ernährung: Metall-Element und Feuer-Element.
2. Die zweite Stufe ist die emotionale Komponente des Metall-Elements. Ich meine damit das *Überdenken Ihrer Beziehungen*. Das Überdenken verstehe ich meditativ-kontemplativ, indem Sie Fragen an sich stellen wie:
- Welche Beziehung habe ich zu mir selbst?
- Welche zu anderen?
- Habe ich die richtige Distanz, um in Beziehung zu treten?
- Welche meiner Beziehungen sollte ich klären?
- Wo haben mir Beziehungen genutzt, wo haben sie mir geschadet?
- Wo halte ich Beziehungen noch aufrecht, obwohl sie mir nicht mehr nützen und eher schaden?
- Wo halte ich falsche Beziehungsfähigkeit aufrecht?

Beziehungen sollten geklärt werden, denn: Andere haben ähnliche Probleme als Teil der ungeklärten Beziehung!
Im Allgemeinen neigt man eher zur Halbherzigkeit. »Man traut sich nicht« zu sagen: »Hör mal, das bringt uns doch nichts mehr. Lass uns die Sache mal klären, wir können uns ja

in netter Erinnerung behalten, aber jetzt sollte erst mal eine schöpferische Pause eintreten.«

3. Die dritte Ebene der Balance ist die *Stärkung der Energiesysteme mit Übungen:*
- Als erste Übung: Mudra-Übungsfolge Nr. 10.
- Als motorische Übung: Niere – Magen, hundertmal (Anmerkung: Diese Übung finden Sie nicht in diesem Buch beschrieben.)

Das Ganze sollte zwei- bis viermal am Tag geübt werden. Der Mindestabstand zwischen zwei Übungsdurchgängen sollte 7 Minuten betragen.

Das wäre jetzt erst mal eine Basisbalance für drei Monate. Als Unterstützung bezüglich Ernährung empfehle ich die Lektüre meines Buches *Richtig essen zur richtigen Zeit*.

Für das meditativ-kontemplative Überdenken Ihrer Beziehungen kann es günstig sein, eine Beziehungs-Liste zu schreiben. Geschriebenes hat den Aspekt von mehr Verbindlichkeit. Dann die motorischen Übungen dazu.

Liebe Frau K.!
Ich freue mich auf Ihre Rückmeldung in spätestens drei Monaten und verbleibe mit freundlichen Grüßen – Ihr
Kim da Silva

Anmerkung:
Die Fallanalyse von Frau K. habe ich umfangreicher ausgeführt, um Ihnen anschaulich zu machen, dass alles einen Sinn ergibt. Krankheiten und Imbalancen dienen uns eigentlich dazu, unser Leben zu fördern und uns selbst besser zu verstehen. In unserer westlichen Medizin werden Krankheiten kuriert oder Symptomatiken bekämpft, aber das Verstehen der Krankheit fehlt oft. Mir erscheint es als wünschenswert, den Ansatz in Zukunft zu

erweitern: Wir werden von der Medizin, die kuriert, zur Präventivmedizin übergehen müssen.

Denn wie gesagt: Wir hatten noch nie eine so hoch entwickelte Wissenschaft, noch nie solch einen Reichtum in den westlichen Ländern, noch nie so ein dichtes soziales Netz – und wir waren noch nie so krank!

Die Rückmeldung von Frau K.

Lieber Herr da Silva!

Als ich ... hörte, dass jemand mir helfen könnte, meine Migräne, die ich seit über 40 Jahren habe, zu heilen, war ich total aufgeregt.

... Ich hatte so etwas noch nicht gehört, dass man mit Mudrashalten etwas in sich bewegen könnte. Ich war auch etwas skeptisch, denn ich hatte seit Jahren sehr viel probiert und dabei auch noch sehr viel Geld ausgegeben, und es hat leider nie etwas gebracht.

Nach einem langen Gespräch ... hatten Sie für mich ein Programm zusammengestellt, wobei ich einen bestimmten Mudraweg zu gehen hatte, und auch die passende Turnübung dazu; und ich sollte 3 Monate keinen Zucker, keine Milch und keinen Kaffee zu mir nehmen.

Ich hatte mir inzwischen fast alle Bücher von Ihnen gekauft und habe fleißig experimentiert.

Als dann mein Programm kam, habe ich mich ausschließlich damit beschäftigt. Mit der Ernährungsumstellung habe ich noch einige Probleme, denn von jetzt auf gleich alle Angewohnheiten zu ändern, ist nicht so leicht, aber ich bemühe mich. Mit meinen Kopfschmerzen, da hat sich leider noch nichts getan, aber ich habe viel mehr Energie und Power, sodass ich mich manchmal selbst bremsen muss.

Die Rückmeldung von Frau K.

Sie sagten, dass auch alles seine Zeit braucht, und was man über 40 Jahre falsch gemacht hat, kann man nicht in ein paar Wochen heilen, also muss ich lernen, Geduld zu haben, und das ist nicht unbedingt meine Stärke, aber sicherlich eine gute Lektion. Auch meine Schweißausbrüche haben sich gebessert und mein allgemeines Wohlbefinden.

Liebe Grüße, Ihre K.

Impulse aus der Wissenschaft

In diesem Kapitel werden zunächst einige Zitate aus Werken zur »Chronobiologie« zitiert. Es folgt jeweils ein Kommentar, der den Bezug zur Organuhr herstellt:

> »Da der Körper über viele biologische Uhren verfügt, muss es etwas geben, das sie untereinander und mit dem äußeren Tageslauf synchronisiert. Diese Aufgabe übernimmt beim Menschen ein etwa reiskorngroßer Verband von Nervenzellen in jeder Hirnhälfte. Er liegt direkt über der Kreuzung (Chiasma) der beiden Sehnerven und wird daher ›Suprachiasmatischer Nucleus‹, kurz SCN genannt.« (Young, S. 75 [siehe Literaturverzeichnis])

Die physische Steuerungsinstanz, der SCN, ist durch Untersuchungen gut belegt.
   In welcher Beziehung er zur Organuhr steht, ist von der Energielehre her klar: Er ist dem Meridiansystem untergeordnet. Von dort wird er mit »Strom« versorgt.

> *Eine Antwort auf die folgende Frage:*
> *Hängt sie (die innere Uhr) vom normalen 24-stündigen Hell-Dunkel-Zyklus ab?*
> *Nein. Die molekulare Eigenrhythmik der Chronometer ist genetisch verankert und erhält sich selbst. Sie bleibt auch dann bestehen, wenn äußere Zeitgeber fehlen.«*
> (Young, S. 76)

»Wer« nimmt die angenommene »genetische Verankerung« vor? Kommen wir damit auf die Welt, entspricht das der energetischen Sicht, nach der uns die Organuhr angeboren ist.

Zitate

> »*In der Tat müssen wir davon ausgehen, dass jede Zelle in unserem Körper nicht nur eine, sondern mehrere innere Uhren besitzt. Der Münchner Chronobiologe Till ROENNEBERG konnte das schon an Algen belegen, Lebewesen, die nun wahrhaftig weit weg sind vom Menschen. Das bedeutet, dass unser Körper mit Billionen Innerer Uhren ausgestattet ist. Dabei steuert jede Untereinheit des Körpers, etwa ein einzelnes Organ, ihr zeitliches Programm selbst.*«
> (Zulley/Knab, S. 109)

Aus energetischer Sicht ist das zeitliche Programm eines einzelnen Organs Teil des »Rhythmus einer Gesamtschwingung«. Ein einzelnes Organ muss demzufolge harmonieren. Fällt es aus dem größeren Zeitrahmen, weil sich seine Eigenzeit verstellt – Thema unserer Organuhr –, wird es krank!

> *Als hätten wir nicht genügend Zeitgeber, um unsere Körper mit der Welt in Gleichklang zu halten, helfen sich unsere inneren Rhythmen und synchronisieren einander gegenseitig, denn keiner der unzähligen Rhythmen in unseren Körpern arbeitet isoliert. Einige Rhythmen werden stärker, während andere nachlassen; es ist ähnlich wie bei einem modernen Tanz, in dem sich die Tänzer unabhängig voneinander zu bewegen scheinen, in Wirklichkeit aber einer sorgfältigen Choreographie gehorchen.*
> (Perry/Dawson, S. 27)

Der Begriff »Choreographie« passt wunderbar zum künstlerischen Werk der Natur – ein Werk, das mein Staunen nie versiegen lassen wird!

> »›*Es scheint überhaupt keinen Vorgang im Körper zu geben, der nicht in Zyklen abläuft*‹«, erklärte der Münchner Pharmakologe Ekkehard Haen. ... ›*Die Perioden dauern*

> *von einer tausendstel Sekunde etwa bei zellulären Vorgängen bis zur Größenordnung von Jahren*‹, schreibt der Mediziner und Physiologe Gunther Hildebrandt.
> ›*Aber jede einzelne Schwingung hat*‹, so der Gehirnforscher Ernst Pöppel, ›*ihr eigenes zeitliches Minimum und Maximum – jede Wellenbewegung verläuft unabhängig von allen anderen.*‹« (Gaedemann, S. 145)

In vielen Untersuchungen schwingt leider ein »*wissenschaftliches Problem*« mit: Im Schlaflabor werden zum Beispiel Rhythmen erforscht, – hat der Mensch unter solchen Messbedingungen noch Zugang zu diesen Energien, die ja im feinstofflichen Bereich sein Wohlsein wie Unwohlsein regeln? Ich glaube nicht, denn zu »feinstofflichen Bereichen« ist der Zugang schwerer.

Sind Menschen krank und werden sie zur Untersuchung verschiedener Zyklen ins Labor gebracht, resultieren daraus Ergebnisse. Doch Vorsicht: Es sind individuelle Ergebnisse unter Krankheitskriterien.

Es sind nicht die naturgegebenen Ergebnisse, zu denen man käme, wenn der Fall in der natürlichen Umgebung untersucht würde!

Beim Blick auf unsere gesundheitliche Betrachtungsweise in den Schulwissenschaften habe ich manchmal das Gefühl, dass der Mensch »aus sich heraus« existiere: *gegen* die Erde, *gegen* die Jahreszeiten, *gegen* und *gegen* ... Dabei treten der Mensch und sein Organismus in Wirklichkeit in *Beziehung* und *Korrespondenz* zu all diesen Energien!

Dadurch, dass wir uns im Vergleich zu früheren Epochen eher weniger im Freien aufhalten, unterschiedlichen Witterungen weniger ausgesetzt sind, bekommen unsere Rhythmen eine »Individualität« – weil wir nicht mehr natürlich leben. In den frühen Dorfgemeinschaften hat ein Dorf noch funktioniert wie eine Familie, die gemeinsam die Unbilden der »wilden Natur« bewältigte. Die Menschen gingen im Frühjahr und Sommer barfuß, das heißt, sie waren mit der Erd-Energie verbunden. Sechs bis zehn Stunden verbrachten sie täglich im Freien, damit war die Verbindung mit Sonnen-, Mond- und Sternenenergie stark.

Erd-Energie, Himmlische Energie, Kosmische Energie sind Energien, die in unserem Körper wirksam werden! Der Mensch, »Krone der Schöpfung«, tritt in Beziehung mit all diesen Energien der Erde, der Bäume, Tiere, Pflanzen, des Planetensystems, der Gestirne.

Ich erinnere mich noch gut an einen Frühling Anfang der achtziger Jahre in Berlin: Er war sehr kühl und kam ungewöhnlich spät. Anfang Mai zeigte das Thermometer vier Grad und es regnete. Die Bäume trugen zwar Knospen, aber kein Blatt hatte sich bis dahin gezeigt! Trotzdem zwitscherten die Vögel und flogen munter durch die Lüfte, bauten Nester und bereiteten sich auf die Brut vor. Sie kümmerten sich nicht um die Äußerlichkeiten des Wetters, sondern sie lebten exakt nach ihrem Zyklus.

Wir sollten von der Vorstellung abkommen, losgelöst von solchen Zyklen ein »autonomes Leben« auf dieser Erde führen zu können, denn wir sind in die natürlichen Energien mit eingebunden, und diese Energien korrespondieren mit uns.

Die Individualität der Organuhr entspricht der Individualität der Imbalancen und der Neigungen in unserem Körper, nicht der Gesundheit! Das Ziel heißt: auf einer Normalität der Gesundheit aufzubauen, um weiteres *Wachstum* möglich zu machen!

»Jede Geburt ist ein Todesurteil –
Es gibt keinen Menschen,
der das Leben überlebt.
Wir verdrängen dieses Urteil nur
und leben so, als hätten wir
unendlich viel Zeit vor uns.«

Ayya Khema

Anhang

Ein zweites Buch zum Thema Organuhr

Es sind eine Fortsetzung und eine Erweiterung dieses Buches geplant. Hier wurde erst einmal aufgezeigt, wie die Organuhr entsteht, wie sie funktioniert und was man mit einfachen Möglichkeiten tun kann, um sie in die Balance zu bringen.

Das ist aber längst nicht alles! Es gibt noch viel mehr Möglichkeiten, das System der Organuhr zu stimulieren und zu nutzen: als Präventivmaßnahme, in der Tagesplanung, in erweiterten Formen.

Die Organuhr kann man kaufen

Es gibt die Möglichkeit, die Organuhr als Armbanduhr mit demselben Logo und Design wie auf dem Buchumschlag zu erwerben! Damit wissen wir sozusagen immer, »was die Organstunde

geschlagen hat«. Wir kommen leichter auf eine Idee, warum es uns gut oder weniger gut geht – als persönliches Feedback: Wir brauchen nur auf die Uhr zu sehen.

Diese Uhr hat ein Laufwerk, das 24 Stunden anzeigt! Somit befinden wir uns in der Zeit, im Tag und in unserer Energie – durch den einfachen Blick auf die Uhr. Darüber hinaus sehen wir an der Uhrzeit exakt und sofort, welche Übungsfolge (Mudrawege) wir für die entsprechende Unausgewogenheit anwenden sollen (siehe Seite der entsprechenden Übungsfolgen bezüglich der jeweiligen Meridiane).

Die Uhr wird in drei verschiedenen Variationen angeboten: »Sportsmodel«, »Day-for-Day-Model« und »Elegantmodel« stehen zur Verfügung.

Bezugsanschrift:
 Golden Tao
 P.O. Box 207
 A-1071 Wien
 Fax: +43-1-526 12 28
 Internet: www.goldentao.com

Zur energetischen Unterstützung – Grüner Tee

Im zweiten Mudrabuch *Meinen Körper in meine Hände nehmen* habe ich bereits über den grünen Tee geschrieben, durch den sich die Teekultur entwickelt hat. In China und besonders in Taiwan gibt es diese Kultur des grünen Tees. In Taiwan finden wir auch die einzige Forschungsstation der Welt, die es sich zur Aufgabe macht, das Geheimnis um den grünen Tee zu lüften.

Der grüne Tee wird gepflückt, gerollt, getrocknet, kurz erhitzt – dann ist er für den Gebrauch fertig. Die Blätter werden weder gebrochen noch irgendwie anders verletzt.

Grüner Tee ist nicht gleich grüner Tee! In Japan und Amerika wurde man auf *die* grünen Tees aufmerksam. Berichte aus dem Jahr 1988 bestätigten bereits die Wirkung auf das Zentralnervensystem und auf den Gehirnstamm. Des Weiteren verhindert der Tee nachweislich die Zelldegeneration, baut Allergien ab und kann Krebs vorbeugen.

In einem Artikel der Universität Berkeley wird nachdrücklich darauf hingewiesen, dass diese Beschreibung nicht auf jenen grünen Tee zutrifft, den man für sechs Mark pro 100 Gramm in jedem Teegeschäft kaufen kann. Die Studien beziehen sich auf jene Spitzensorten, die normalerweise im Handel nicht erhältlich sind: *Diese Tees werden kultiviert, größtenteils noch von Hand angebaut, gepflegt und gepflückt.*

Der Aufwand dieser Teeherstellung ist vergleichbar mit demjenigen, den französische Spitzenwinzer in anderen Ländern zur Herstellung ihrer edlen Weine betreiben.

Ich beschäftige mich seit 37 Jahren mit Tee. Den hochwertigen grünen Tee, von dem ich hier spreche, entdeckte ich vor etwa 20 Jahren. Da wir ihn selbst sehr gerne trinken, begannen wir vor sieben Jahren, ihn direkt zu importieren. Dadurch wurde es möglich, ihn auch anderen interessierten Menschen zugänglich zu machen.

Bei uns stehen neunzehn Sorten zur Auswahl. Manchmal kann der Bedarf an einer bestimmten Sorte nicht gedeckt werden.

Trotzdem müssen unsere Kunden ihn nicht entbehren, denn sie weichen inzwischen auf eine andere Sorte mit ähnlichem Wirkungsgrad aus.

Die Spitzensorten des grünen Tees sind natürlich in einer höheren Preiskategorie angesiedelt. Sie erscheinen auf den ersten Blick teuer. Doch wir müssen wissen, dass man aus einem Teelöffel getrockneter Teeblätter fünf bis sieben Aufgüsse herstellen kann.

Der Tee ist kein Arzneimittel, sondern ein Nahrungsmittel. Er hebt unser Energiepotential und fördert den autonomen Bewegungs- und Selbstheilreflex. Er hilft beim Umdenken und unterstützt uns, die tägliche Disziplin an Übungen und Gedankenhygiene konsequenter zu leben.

Wenn Sie in den neuen Teegenuss kommen wollen, fordern sie unsere ausführliche Tee-Fibel an. Wenden Sie sich zwecks genauerer Informationen an die im Folgenden angegebenen Adressen.

Kontaktadressen

Bei folgenden Adressen erhalten Sie Informationen über Seminare, Vorträge und Kurse von Kim da Silva:

Deutschland:

Manuela Schiffner
Argentinische Allee 7
D - 14163 Berlin
Tel. und Fax: (0049) 030/ 809 055 43
E-mail: uwe-manuela.schiffner@t-online.de

Gisela Baum
Bleicherstraße 19
D - 28203 Bremen
Tel.: (0049) 0421/ 325 338
Fax: (0049) 0421/ 325 338

Frankfurter Ring e.V.
Kobbachstraße 12
D - 60433 Frankfurt am Main
Tel.: (0049) 069/ 511 555
Fax: (0049) 069/ 512 220
E-mail: bdahlberg@frankfurter-ring.org

Österreich:

Hanno Weiss
Armin-Diem-Gasse 14
A - 6850 Dornbirn
Tel. + Fax: (0043) 05572/ 207 74
E-mail: hanno.wei@vol.at

Do-Ri – Das Mensch-Sein fördern
Lambrechtgasse 7
A - 2500 Baden
Tel.: (0043) 02252/ 432 43 - 0
Fax: (0043) 02252/ 432 43 - 18
Internet: www.Do-Ri.com
E-mail: eMail@Do-Ri.com

Danksagung

Das Wort Dank ist immer eine relative Geschichte: Man kann dankbar sein, man kann es nur mit Worten beschreiben. Die Dankbarkeit, die man fühlt, wird im Herzen gelebt und wird spürbar für die, die auch mit dem Herzen leben und fühlen können.

Die Realisierung dieses Buches wäre durch mich alleine nicht möglich gewesen, ich hatte viele Helfer, die buchstäblich unermüdlich waren. Die mir nicht nur halfen, sondern mir auch Ansporn und Vorbild waren, in dieser Arbeit immer wieder fortzufahren und gegebenenfalls auch immer wieder neu zu starten.

Allen voran will ich den lieben Hanno erwähnen. Viele andere waren beteiligt: Fritz am Computer, der dieses schöne farbige Logo gestaltet hat. Do-Ri mit ihrer Unterstützung. Andrea, die auch nie müde wurde mitzuhelfen. Georg, der die Bilder gemalt hat. Gertrud, die durch ihren Einsatz die Meridiane auf die Bilder brachte und die Personen mit Georg zusammen gestaltete.

Und viele andere mehr, die mich buchstäblich immer wieder »zwangen«, dieses Buch endlich fertig zu stellen.

Es ist nicht immer einfach, den Raum und die Zeit zu finden, solch ein Werk zu realisieren. Die Zeit war reif und fast überfällig, und nun liegt es vor, dank der unermüdlichen Hilfe von vielen.

Zur Biografie des Autors

Damals:

Kim da Silva studierte Chemie, Physik, Botanik, Mikrobiologie und Lebensmittelchemie mit Abschluss.
Nach fünf Jahren Tätigkeit als Assistent an der Freien Universität Berlin und sechsjähriger Forschungsarbeit in der chemischen Industrie arbeitete er viele Jahre im Labor für einen pharmazeutischen Weltkonzern.

Kim da Silva interessierte sich immer schon für Philosophie. Über den Kampfsport kam er bereits in seiner Jugend mit fernöstlichen Philosophien in Kontakt, denn im Kampfsport kämpft man, wie man denkt.
Das Ziel ist es dabei, durch Gelassenheit den inneren Gegner zu besiegen.

Anfang der siebziger Jahre studierte Kim ein Jahr an der Hindu-Universität in Banares und weitere sechs Monate an der Uni in Madras indische Philosophie und Yoga-Wissenschaften.
1978 begann er nach Abschluss seiner Shiatsu-Ausbildung mit der Ausbildung in Kinesiologie.
Seit 1982 kamen verschiedene Studienaufenthalte in Japan, China, Taiwan, Hongkong, Sri Lanka, Burma und Thailand dazu.
1986 begegnete Kim das erste Mal Master Mantak Chia und ist seit 1988 Lehrer für Healing Tao. 1990 erschien Kims erstes Buch.

Heute:

Kim arbeitet seit 1987 selbstständig und hält Seminare, Vorträge und Einzelberatungen.
Seit 1990 verbringt Kim bis heute mindestens vier Monate im Jahr in Asien mit seiner persönlichen Weiterbildung.

Anhang

Zukunft:

Durch neue, zeitgemäße Kurse und Vorträge sollen Menschen im Erkennen und Finden ihrer Gesundheit und Balance selbstständiger werden. Das Schreiben von Büchern ist Kim wichtig, um energetische Wissenschaft und Philosophie anwendbar zu machen.

Kims persönlicher Leitspruch:

»*Um sein Nicht-Wissen wissen ist Gesundheit, Wissenschaft nicht kennen ist Krankheit.*«
Laotse

Literaturverzeichnis

Binder, Walter: *Klassische Akupunktur und klinische Leitsymptome*, Verlag Naturmedizin, o. O. 1984

da Silva, Kim:
–, *Kinesiologie*, München 1995
–, *Energie durch Bewegung*, München 1996
–, *Kreativ lernen*, Linz 1998
–, *Meinen Körper in meine Hände nehmen*, München 1999
–, *Richtig essen zur richtigen Zeit*, München 1999
–, *Gesundheit in unseren Händen*, München 2000

Gaedemann, Claus: *Ich habe immer Zeit*, München 1993
Perry, Susan und Dawson, Jim: *Chronobiologie*, München 1991

Wilhelm, Richard (Übers.): *I Ging*, München 1973

W. Young, Michael: »Chronobiologie: Wie die innere Uhr tickt«, *Spektrum der Wissenschaft*, 6/2000

Zulley, Jürgen und Knab, Barbara: *Unsere Innere Uhr*, Freiburg i. Br. 2000

Register

Aggression 58
Akupunktur 24, 44
Akupunktur-Meridiane 38
Akupunkturpunkte 46, 208
Akute Krankheiten 190
Albträume 179
Allergieauslöser 203
Allergien 63, 125, 126, 245
Angst 54, 82, 194
Ängste 228
Annehmen und Loslassen 54, 220
Armekreisen 114, 117-118
Atmung 50-51, 54, 68, 110, 117-118, 125, 129, 177, 202-204, 211, 227-228, 230, 233-234
Augenübungskombination 116-118

Balance 14, 33-34, 36, 42-43, 45, 74, 90, 118, 129, 174, 182, 197, 200, 213, 220, 234-235
Balance der Zyklen 23
Balance-Zeit 42
Becken-Achten 115, 118
Beziehungen 83
Beziehungsfähigkeit 171
Blasen-Meridian 33, 39-40, 76-79, 91

Chi 11-12, 24, 102, 193
Chronische Krankheiten 191
Chronische Verstopfungen 54

Dickdarm-Meridian 33, 39-40, 52-55, 159-160, 186, 205-206, 220
Distanz 70, 220, 223, 226

Disziplin 71, 163-164, 211
Dreifacher-Erwärmer-Meridian 32, 34, 39, 88-91, 174-176, 220-221, 223, 232
Dünndarm-Meridian 33-34, 39-40, 72-75, 165-167, 232
Durchfall 54

Entscheidungskraft 94-95
Entziehungszyklus 28
Erd-Element 19, 21, 29, 58, 62, 126, 167, 231
Erneuerung 98, 177
Erschöpfung 124

Feuer-Element 19, 21, 29-30, 90, 123, 125, 173, 188, 221, 223, 228-230, 232, 234
Flexibilität 98, 176
Frühling 17, 29-30, 213
Furcht 82-83

Gallenblasen-Meridian 34, 39-40, 92-95, 176-178, 189, 205
Gehirnintegration 118, 122
Gesundheit 31, 42, 45, 175
Gewissen 82-83
Gleichheit in der Vielheit 74
Gott 74
Gouverneurs-Meridian 32, 46, 102-103, 182, 184-185, 205-207
Grüner Tee 245-246

Harmonisierung 1 129
Harmonisierung 2 130
Hauptmeridiane 32, 34
Heilung 42, 58, 160
Herbst 18, 29-30, 214

Register

Herzintegration 117-118, 122, 128-129
Herz-Meridian 33, 39-40, 51, 66-71, 75, 163-164, 173, 220-221, 223, 232
Holz-Element 19, 21, 29-30, 124, 130, 188, 232
Hormone 62

I Ging 16, 36
Imbalance 24, 27-28, 31, 68, 90, 98, 112, 121, 176, 188, 191, 199-200, 209, 226, 235, 241
Immunsystem 54, 63, 117, 125, 127, 130, 175, 186, 234
Ionisation 110-111, 220, 231

Jetlag 211-213, 214

Kinesiologie 70
Kontrolle 221
Kontrollzyklus 23-25, 58, 187-189
Krankheit 24, 28, 31, 42, 196-198, 227, 235
Krebs 245
Kreislauf-Meridian 32, 34, 39, 84-87, 90, 172-173, 188, 223
Kummer 63
Kyu-Do 79

Leber-Meridian 33, 39-40, 96-99, 178, 188-189, 232
Liebe ohne Bedingungen 69, 71, 220-221
Lungen-Meridian 33, 39-40, 48-51, 54, 82, 179, 224, 228

Magen-Meridian 33, 39-40, 44, 56-59, 159-161, 205-206
Meridiane 12, 32, 44, 186

Metall-Element 19-21, 29-30, 54, 64, 123, 128, 220, 222-224, 226-228, 233-234
Midlife-Crisis 225
Milchprodukte 68, 203-204
Milz-Meridian 33, 39-40, 60-65, 161-163, 221, 231
Mitgefühl 87
Mittag-Mitternacht-Regel 190
Mudras 44, 113, 117 119, 131
Mudrawege 38, 104, 112-113, 120-121, 132-155, 186-187, 190, 194-195, 211
Mut 64, 179-180

Nieren-Meridian 33, 39-40, 80-83, 231
Nierenprobleme 193

Offenheit 63-64, 162, 221
Operationen 193-195
Orientierung 129
Orientierungslosigkeit 91

Panik 51
Polaritätsgesetz 182
Präventivmaßnahme 194
Präventivmedizin 236

Regeneration 178, 195
Reifung 99
Respekt 69-70, 164, 173-174

Sanftheit 82, 91, 123, 127, 171
Schlaf 175-177, 184, 205
Schmerzen 24, 196, 198
Schmerz-Schmerz 196-197
Schule 213-214
Selbstdiagnose 104, 186-187
Selbstdisziplin 164
Selbstheilung 58, 112, 207

Selbstheilungskräfte 177
Selbstheilungsreflex 207, 246
Selbstkontrolle 63-64, 161-162
Selbstliebe 86-87, 90, 173-174
Selbstorientierung 78-79, 169-171
Selbstreflexion 169
Sommer 17, 29-30, 213
Sommerzeit 214-215
Sorgen 63-65
Steuer-Meridiane 32, 181-182
Stress 50, 170, 194, 216

TCM (Traditionelle Chinesische Medizin) 20, 22, 24, 27, 29, 44
Trauer 63
Träume 179

Überenergie 226
Universelle Liebe 90, 175, 221
Unterenergie 227
Urangst 82-83

Verdauung 118, 128
Versorgungszyklus 22, 24-25, 58, 187-189

Wachstum 98, 178
Wasser 204
Wasser-Element 19, 21, 29-30, 58, 123, 127, 130, 222-224, 226, 229-231, 233
Winter 18, 29-30, 214
Wut (Zorn) 58

Yin und Yang 11, 14, 16-19, 30, 33-36, 38-43, 107-108, 112-113, 170, 176, 184, 193, 205, 213, 215, 223-224, 232

Zentralmeridian 32, 46, 100-101, 182-183
Zentrierung 1 122
Zentrierung 2 123
Zerstörungszyklus 28, 30
Zielstrebigkeit 94
Zucker 62-63, 68, 203, 234
Zyklen 15, 18, 24, 26, 28, 33-35, 37, 108, 120, 213, 223, 225, 239-240